Thomas Dienberg

Einmal zu dir selbst und zurück

Thomas Dienberg

Einmal zu dir selbst und zurück

Das Leben wieder bewusst gestalten

camino.

1. Auflage 2018

Ein camino.-Buch aus der

© Verlag Katholisches Bibelwerk GmbH, Stuttgart, 2018

Umschlaggestaltung: Franziska Barczyk, Toronto/New York

Gestaltung und Satz: wunderlichundweigand, Schwäbisch Hall

Druck und Bindung: Finidr s.r.o., Český Těšín, Tschechische
Republik

www.caminobuch.de

ISBN 978-3-96157-029-4

Auch als E-Book erhältlich
unter ISBN 978-3-96157-987-7

Inhalt

Ein Übungsweg in sieben mal sieben Schritten

Ich werde oft gefragt, wie es mir gelingt, alles unter einen Hut zu bringen. Und vor allem: Warum wirke ich dabei immer noch so ruhig?

Viele Menschen nehmen an, dass ein klösterliches Leben beschaulich und ruhig ist, dass wir Klostermenschen das leben können, wonach sich so viele heute sehnen: ruhig und ohne Stress, in Harmonie, Ausgeglichenheit und Gelassenheit, mit Konzentration auf den tiefen Sinn des Lebens.

Nun, diese Annahme stimmt nur zum Teil.

Von außen betrachtet ist mein Leben sehr unruhig. Ich bin sehr viel unterwegs, halte hier und dort Vorträge, Vorlesungen und Workshops. Ich leite ein neues Institut in Münster, es werden also auch Organisations- und Leitungsaufgaben von mir gefordert. Hinzu kommen die Aufgaben im Kloster, die Forschung – und meine Lieblingsbeschäftigung: das Schreiben. Wer selbst einmal an einem Buch gearbeitet hat, weiß, dass man auch dafür starke Nerven und Zeit braucht. Insofern gehört Stress zu meinem Leben, wie er im Übrigen zu jedem Leben gehört, ob innerhalb oder außerhalb eines Klosters.

Aber Stress kann für mich produktiv sein. Stress fordert mich heraus, führt mich an meine Grenzen, zeigt mir auf, was ich kann und zu leisten imstande bin. Natürlich gibt es negativen Stress, auch in meinem Leben. Ich frage mich oft, wie ich alles auf die Reihe bringe in dem Vielerlei, das mein Leben ausmacht. Wenn ich feststelle, dass mein Terminkalender mich mehr beherrscht als irgendetwas anderes in meinem Leben. Immer wieder muss ich mich also fragen, was mir wirklich wichtig ist. Oder mit anderen Worten: Welchen Stress ich annehmen muss, weil es sich lohnt, und welcher ungesund ist.

Ein ganz wichtiger Faktor dabei ist die Zeit, die mir zur Ruhe verhilft.

Ich sehne mich oft nach Ruhe und Stille, nach Momenten, in denen ich einfach da sein kann und die Welt wahrnehme, wie sie ist. Die Welt ist so schön, so staunenswert. Der Mensch ist so wunderbar geschaffen. Und wie wenig nehme ich mir die Zeit, um dieses Wunderwerk Mensch und das Wunderwerk Natur auf mich wirken zu lassen.

Die Welt wahrnehmen, wie sie ist.

Wie oft habe ich dazu einfach nicht die Zeit?

Aber wie oft nehme ich mir keine Zeit? Zeit, dem Grund meines Lebens nachzuspüren? Dem, was mich trägt und hält? Wie wenig nehme ich mir die Zeit, mich im Innersten berühren zu lassen durch die Wirklichkeit unserer Welt?

Das Leben ist eine Schule der Wahrnehmung, eine Einladung, zu mir und zur Wirklichkeit zu gelangen. Sehnsuchtsvoll frage ich mich oft, wie mir das wieder von Neuem gelingen kann. Es ist oft so laut in mir, selbst dann, wenn draußen alles still und ruhig ist. Meine Gedanken sind laut und aufdringlich wie die Geräusche um mich herum. Wie sehr sehne ich mich danach, dass es einfach nur ganz still ist, außen und in mir selbst! Um zu mir zu kommen und um dem Leben in mir nachzuspüren. Aber auch um mich von Gott berühren zu lassen durch die Wirklichkeit des Lebens.

In den geistlichen Traditionen aller Religionen und spirituellen Schulen werden dafür die Worte Meditation und dann auch Kontemplation benutzt. Übungen und Haltungen, den Weg der Gottesbegegnung und der Begegnung mit dem Leben zu bereiten.

Für wen diese Übungen geschrieben sind

⇢ Wer sich gestresst fühlt und nicht weiß, wie er mithilfe ganz einfacher Mittel mit diesem Stress positiv umgehen kann

⇢ Wer sich auf den Weg der Wahrnehmung und der Kontemplation machen will, oft nicht weiß, wie man es angehen soll – und dabei auf der Suche nach den einfachen und gangbaren Wegen ist

→ Wer nicht viel Zeit hat, vielleicht auch nicht die Geduld, sich auf stundenlange Übungen einzulassen

→ Wer sich Atempausen und kurze Momente der Berührung mit der eigenen Sehnsucht wünscht

→ Wer nach dem Mehr des Lebens fragt, auf der Suche ist und sich nach einem Leben in dieser wahrnehmenden Haltung sehnt

Wenn ich auf meinen persönlichen Weg der Meditation und Kontemplation zurückschaue, dann sehe ich einen Weg mit vielen verschiedenen Etappen: Irr- und Umwege, Zeiten der Erfüllung, Zeiten einer fragenden Sehnsucht, die nicht erfüllt wurde, Zeiten der Enttäuschung und des Glücks. Und wenn ich ehrlich bin, dann sind es die kleinen Übungen, die sich mir eingeprägt haben, die bleiben, die ich immer wieder von Neuem einüben muss.

Das fällt mir oft sehr schwer. Aber es lohnt sich, wenn ich an die Zeiten denke, in denen ich lange Stille aushalten konnte. Und manchmal durfte ich das großartige Geschenk der Kontemplation spüren. Solche Momente haben mich geprägt. Aber ich kann sie nicht einfach wieder herholen: Die Kunst liegt darin, die kleinen Schritte immer wieder zu tun, die kleinen Momente zu nutzen, die mir der oft hektische und anstrengende Alltag bietet. Aber dieser ist voll von solchen Momenten. Es kommt darauf an, sie zu sehen, zu erspüren und zu nutzen.

Dieses Buch erzählt von solchen Momenten, ruft sie mir in Erinnerung, denn allzu schnell vergesse ich sie wieder.

Dieses Buch will auch Sie, liebe Leserin, lieber Leser, in die Kunst einführen, den Alltag in seiner Fülle wahrzunehmen – in die Kunst der Kontemplation. Sie finden hier sieben mal sieben Übungen, die leicht einen Platz in Ihrem Alltag finden können: zu Hause, während der Arbeit, im Café oder Supermarkt.

Es geht bei diesen Übungen viel um Wahrnehmung, weil ich zutiefst davon überzeugt bin, dass mich die Wahrnehmung der Welt und meiner Sinne zu mir selbst zurückführen kann, zu meinem Innersten. Dann kann ich auch wieder in den Alltag zurückkehren und mit all dem Stress umgehen, der sich mir in den Weg stellt.

Nehmen Sie sich nach jeder Übung Zeit, Ihre Erfahrungen aufzuschreiben. Mit ein wenig Abstand werden Sie feststellen: Ich bin mir selbst begegnet.

Was Sie in diesen Übungen erfahren

→ Wie es sich anfühlt, die Welt zu beobachten,
   ohne sie zu bewerten
→ Wie intensiv Sie die Welt mit jedem einzelnen Sinn erleben
→ Welchen Einfluss Bewegung und Sitzen auf Ihre Seele haben
→ Warum es wertvoll ist, sich auf die eigenen Gedanken,
   Wünsche und Ängste einzulassen
→ Wie Sie Gottes Nähe im Alltag spüren können

Einmal zu mir selbst und zurück! Indem ich auf mich schaue, es schaffe, die kurzen Momente der Ruhe, der Stille und des Schweigens ganz bewusst und aktiv in mein Leben einzubauen, kehre ich auch wieder bewusst und gestärkt in die alltägliche Welt zurück.

Nehmen Sie diese Übungen als das an, was sie sind: Vorschläge, die Sie übernehmen oder auch ganz für sich variieren können.

Ich bin davon überzeugt, dass es ein Übungsweg ist, der sich lohnt.

Beobachten, ohne zu werten

Hinhören
Hinschauen
Wahrnehmen
Dankbar sein
Einfach da sein

Kontemplation
Nicht werten
Einfach nur
Wahrnehmen
Vorurteilsfrei

Beobachten, ohne zu werten

Ich sitze im Zug. Draußen sausen Landschaften an mir vorbei, Dörfer und Städte. Rasend rauschen Menschen, Autos, Natur an mir vorüber. Das Leben rauscht vorüber, so wie es ist. Am Beginn meines Lebens habe ich noch gelernt, alles langsam in mich aufgesogen, ich war auf der Suche, habe alles begreifen wollen. Doch zunehmend ist das Leben schneller geworden. Es rast mittlerweile nur so dahin – und nichts lässt sich festhalten.

So ist das Leben, ein Fassen und Begreifen, ein Loslassen und Sterbenmüssen. Mein Leben, das Leben der anderen, das Leben in der Welt.

Das ist eine der ersten Lektionen der Kontemplation: das Begreifen und das Lassen. Und die Erkenntnis: Es ist, wie es ist. Ich lerne sehen, spüren, hören, riechen, schmecken. Ich lerne, wie intensiv dieses Leben sein kann und ist, wenn ich meine Sinne nutze, sie wirklich benutze. Ich nehme wahr, lerne begreifen – und im Begreifen übe ich schon das Loslassen ein. Gerüche, Geschmäcke, Gehörtes und Gesehenes – so intensiv die Eindrücke auch sein mögen, sie vergehen. Ich kann sie nicht einfangen und halten. Im Begreifen verabschieden sie sich wieder. Im Leben ist es nicht anders.

Die folgenden Übungen führen ein in den Reichtum der Begegnung mit dem Alltag, mit den kleinen bereichernden Momenten im Alltag, die ihn noch wertvoller und lebendiger machen. Gleichzeitig schenken sie mir Ruhe und Konzentration. Sie vermitteln mir eine Ahnung von dem, was sich in der schlichten und einfachen Wahrnehmung und der Begegnung mit dem Leben ereignen kann: die Begegnung mit mir, dem anderen, der Welt und – dem Göttlichen.

Die Übungen sind strukturiert, sie können also der Reihe nach eingeübt werden. Aber es kann sich auch jeder und jede diejenigen Übungen heraussuchen, die auf den ersten Blick die besten oder attraktivsten oder auch leichtesten zu sein scheinen. Wie oft die Übungen dann praktiziert werden, auch das ist eine Sache der Wahl. Wer übt, hat sein eigenes Tempo – und es geht nicht um das bloße Absolvieren, sondern um das Einschwingen in die Wirklichkeiten des Lebens. Das benötigt Zeit. Manches geht ganz schnell, manches scheint dann überflüssig, anderes wiederum ganz wichtig.

Übung 1

Ich setze mich auf eine Bank in der Stadt oder auch in ein Café ans Fenster. Ich schalte mein Handy auf lautlos, am besten auf Flugmodus, bestelle einen Kaffee oder Tee oder sitze einfach nur auf der Bank.

Ich beobachte das, was um mich herum geschieht: die Passanten, die vorbeilaufen, eilig, ruhig, für sich, im Gespräch mit anderen, geschäftig oder schlendernd. Ich sehe, wie sie sich bewegen, wie sie laufen, wie sie gekleidet sind, alt und jung, mittelalt, Kinder und Greise. Die Vielfalt der Menschen läuft an mir vorüber – und ich sehe ihnen einfach zu. Ich versuche nicht zu werten, sie nicht in eine Schublade einzuordnen und mich zu fragen, was diese Menschen wohl machen. Ich versuche, nicht dem automatischen Impuls, sie als sympathisch oder unsympathisch zu empfinden, stattzugeben. Ich nehme sie als die Personen an, die sie sind – als die sie sich mir zeigen, so wie sie eben sind.

Ich sitze hier für zehn Minuten, nicht länger, aber auch nicht kürzer.

Die Vielfalt der Menschen läuft an mir vorüber – und ich sehe ihnen einfach zu.

Kurz bevor ich aufstehe, denke ich noch einmal über das nach, was ich gesehen habe, über die Eindrücke, die Blicke, die Beobachtungen. Was ist mir aufgefallen? Und wie geht es mir jetzt?

Ich schreibe nur drei Wörter auf, die das Gesehene beschreiben – und finde ein Wort für mein persönliches Empfinden.

In meinem Buch stehen also nicht mehr als vier Wörter: drei für die gesehene Wirklichkeit des Lebens, eines für mich inmitten dieses Lebens.

Drei Wörter für die Welt und eines für mich

Übung 2

Mitten im Alltag, im Beruf, bei der Arbeit oder beim Einkauf nehme ich mir fünf Minuten Zeit, ganz bewusst. Ich nehme mir vor, diese Zeit auch einzuhalten.

Ich schaue mich um, im Raum, im Saal, im Supermarkt, wo auch immer ich gerade bin. Ich versuche die Szene, die sich mir bietet, einzufrieren wie ein Foto, ein schönes und reiches, ein buntes und volles Foto. Personen, Gegenstände, raumgestaltende Elemente, so vieles gibt es auf diesem Foto zu sehen. Und ich versuche, es wirklich umfassend wahrzunehmen, auch wenn vieles vielleicht nur banal ist, eben alltäglich. Aber ich werte nicht, sondern sehe nur, schaue intensiver hin und nehme wahr, was ist und sich mir auf dem Foto so alles bietet.

Person für Person, Gegenstand für Gegenstand scanne ich auf dem Foto mit meinen Blicken ab. Vielleicht fällt mir ja etwas ganz Ungewöhnliches auf, das ich vorher immer übersehen habe, etwas Witziges oder Wichtiges oder etwas Seltsames!

Nach den fünf Minuten lenke ich meinen Blick auf den Platz, wo ich stehe oder sitze. Ich achte darauf, wie ich es tue, und lausche dabei auf mein Inneres. Was nehme ich wahr?

Vielleicht fällt mir ja etwas ganz
Ungewöhnliches auf, das ich
vorher immer übersehen habe.

Welche Worte finde ich, die beschreiben, was ich gesehen habe? Wenige Worte, die das Foto – dieses alltägliche Panorama – einfangen.

Ich schreibe sie auf. Vielleicht gibt es noch etwas Zusätzliches, das mir wichtig ist und das ich festhalten möchte: den Gesamteindruck des Fotos oder einen Gedanken, der mich bewegt und es verdient, nicht vergessen zu werden. Das schreibe ich ebenfalls auf, und zwar in gebotener Kürze.

Mein Foto des Tages

Übung 3

Ich bin zu Hause, in meinen eigenen vier Wänden. Ich suche mir den Raum aus, in dem ich mich am wohlsten fühle. Diesen Raum, der mich einlädt, wirklich zu Hause zu sein. Hier werde ich im Laufe der Übungen oft einkehren.

Ich suche mir einen Platz, setze mich hin und schaue mich um. So oft schon habe ich hier gesessen. Den Raum habe ich selbst eingerichtet, vielleicht mit meinem Partner oder meiner Partnerin. Es ist ein Raum, der Geschichten erzählen kann, von mir, von meinem Leben, von Begegnungen. Einige waren schön, manche vielleicht weniger. Für einen Moment habe ich diesen Raum ganz für mich, für mich allein. Es ist mein Raum.

Ich schaue mich um. Was sehe ich? Fällt mir etwas auf, das ich schon lange vergessen habe und völlig aus meinem Blick geraten ist? Was verbinde ich mit diesem Raum, welche Geschichten erzählt er mir?

Ich sitze zehn Minuten ganz ruhig und schaue mich um, nehme intensiv wahr und horche in mich und diesen Raum hinein.

Dann nehme ich mir meine Notizen und schreibe die eine Geschichte auf, die ich nicht mehr vergessen möchte. Ich be-

Es ist ein Raum, der Geschichten erzählen kann, von mir, von meinem Leben, von Begegnungen.

schreibe einen Gegenstand, der mir mit einem Mal wieder wichtig erscheint, den ich vergessen hatte, der zu mir und meinem Leben und diesem Raum gehört. Er bedeutet für mich ein kleines Stück Heimat. Aber warum? Welche Geschichte erzählt dieser Gegenstand? Ich schreibe sie auf.

Ein Stück Heimat

Übung 4

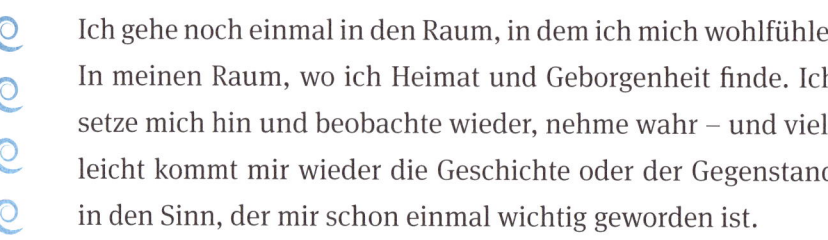

Ich gehe noch einmal in den Raum, in dem ich mich wohlfühle. In meinen Raum, wo ich Heimat und Geborgenheit finde. Ich setze mich hin und beobachte wieder, nehme wahr – und vielleicht kommt mir wieder die Geschichte oder der Gegenstand in den Sinn, der mir schon einmal wichtig geworden ist.

Vielleicht ist da aber auch noch etwas anderes, etwas Verborgenes, etwas, das ich übersehen und überhört habe.

Meine Augen blicken umher, Erinnerungen holen mich ein, berühren mich – und ich lasse mich berühren. Ich spüre in mir nach. Welche Gefühle werden geweckt? Schöne, weniger schöne, berührende? Welche genau? Gefühle und Erinnerungen, die Tränen auslösen?

Ich lasse mich einfach gehen. Was kommt, das kommt und ich lasse es kommen. In aller Ruhe und Stille, nur für mich.

Ich schreibe nach 15 Minuten auf, welche Gedanken und Gefühle mich beschäftigt haben. Auch hier gilt wieder: Kürze und Prägnanz!

Meine Augen blicken umher.
Erinnerungen holen mich
ein, berühren mich – und ich
lasse mich berühren.

Ein zweites Stück Heimat

Übung 5

Ich gehe an einen Ort, der mich einlädt, ruhig zu werden. Zu einer Bank am Waldrand oder in eine Kirche, vielleicht an einen Platz am Flussufer oder an einen ganz anderen Ort, mit dem ich etwas verbinde.

Ich setze mich hin und schaue mich um. Was sehe ich? Was hält meinen Blick gefangen? Was ist weniger wichtig und bedeutend? Ich schaue umher und lasse meine Gedanken kommen und gehen. Was verbindet mich mit diesem Ort? Was macht ihn zu einem besonderen Ort?

Meine Gedanken werden zu Erinnerungen. Erinnerungen gehören zu meinem Leben, sie geben Kraft und Motivation, sie geben Energie und wecken Gefühle von Glück und Liebe, aber auch von Trauer und Schwermut. Erinnerungen lassen aufhorchen und verloren geglaubte Sehnsucht wieder neu erwachen.

Erinnerungen haben es oft mit Orten zu tun. Welche Erinnerungen verbinde ich mit diesem Ort? Welche möchte ich nicht mehr vergessen? Welcher Ort ist für mich ganz wichtig? Und warum?

Erinnerungen lassen aufhorchen
und verloren geglaubte Sehnsucht wieder neu erwachen.

Ich nehme mir die Zeit, die ich brauche.
Ich schreibe meine Erinnerung auf.

Hier fiel es mir wieder ein

Übung 6

Ich gehe ganz bewusst einen Weg, auf dem ich wahrscheinlich nur wenige Menschen sehen werde, lasse mir den Wind um die Nase wehen.

Ich lenke den Blick auf Erinnerungen, die mein Leben prägen und dazugehören. Ich kann sie nicht abschütteln. Das Leben ist, wie es ist, mit allen Erinnerungen. Da gibt es die schönen und reichen, die lustigen und erfreulichen, da gibt es aber auch die anderen Erinnerungen, die quälenden und belastenden, die eigenen Fehler und die Schuld, die ich gerne vergessen würde. Aber auch sie gehören zum Leben, sie gehören zu mir und haben mich geprägt: die Erfahrungen und Erinnerungen des Verlustes, des Leids und Schmerzes, der Trauer und des Scheiterns. Nur wenn ich sie anschaue, wenn ich sie wahrnehme und sogar begrüße, nur dann verlieren sie ihre destruktive Seite und werden vielleicht sogar zu einer Kraftquelle. Auch zu einer Kraftquelle inmitten einer stressvollen Zeit.

Ich gehe meinen Weg und denke an diese Erinnerungen und Erfahrungen. Wenn ich wieder daheim bin, schreibe ich maxi-

Nur wenn ich sie anschaue, wenn ich sie wahrnehme und sogar begrüße, nur dann verlieren sie ihre destruktive Seite.

mal drei dieser Erinnerungen auf – und darunter schreibe ich die Worte: „Das Leben ist, wie es ist – gerade auch mit diesen Erinnerungen. Und das Leben ist gut.“

Spaziergang mit drei Erinnerungen

Übung 7

Ich gehe noch einmal die Übungen dieser ersten Etappe meines Übungsweges durch: das Sitzen im Café oder auf einer Bank, das Verweilen an einem geschäftigen Ort, mein Raum in meinem Zuhause, meine Erinnerungen, die schönen und die schweren.

Welche der Übungen hat mich in besonderer Weise zu mir selbst geführt, zu der Person, die ich nun einmal bin? Warum war ausgerechnet diese Übung so intensiv?

Ich wiederhole diese Übung.

Und ich schreibe auf, was sich diesmal verändert hat.

Lerne sehen, was ist
und wie es ist – und
dass es ist, wie es ist.

Was sich anders angefühlt hat

Alle Sinne trainieren

Natur atmen
Mit allen Sinnen
Sich einlassen
Lassen
Verlassen
Hingehen
In Ehrfurcht
In Respekt
In Verbundenheit

Alle Sinne trainieren

Die Welt habe ich mir mit meinen Sinnen erobert. Das Leben habe ich mir mit meinen Sinnen erlernt. Sinne machen menschliches Leben aus. Sobald einer der Sinne nicht mehr so arbeitet und wirkt, wie ich es gewohnt bin, fehlt ein wichtiger Teil in meinem Leben. Ich habe mir meine ersten Schritte ins Leben ertastet, ich habe es vorher gewusst, wenn Mutter ins Zimmer kam. Ich habe zu unterscheiden gelernt zwischen den vielen Gerüchen des Alltags und der Menschen.

Ich habe das Schmecken gelernt, die Nuancen des Essens, vielleicht bin ich ein Feinschmecker geworden.

Ich habe mir die Welt und das Leben erobert, indem ich gehört habe. Zugehört, gelauscht, manchmal musste ich mir die Ohren zuhalten. Ich habe gelernt, die Musik zu lieben.

Ich habe auch das Sehen erlernt, das genaue Hinschauen, das Anblicken – und dabei gespürt, dass mich besondere und liebe Menschen ganz anders ansehen, eben mit den Augen der Liebe.

Und schließlich habe ich mir die Welt ertastet, indem ich Dinge und Menschen berührt habe, ihre Formen, ihre Schönheit, ihre Verletzlichkeit.

Die Sinne machen es möglich, dass ich die Welt begreifen kann, dass ich die Schönheit der Welt mit all ihren Nuancen erleben und wahrnehmen kann. Wahrnehmung ist ein ganzheitliches Geschehen. Ich gestalte mein Leben, indem ich alle meine Sinne benutze. Mein persönliches Gleichgewicht erhalte ich nicht nur durch ein gutes, gestärktes und sinnvolles Leben. Es wird vielmehr auch durch meine Sinne gewährleistet, ganz praktisch und konkret. Im Gleichgewicht sein bedeutet, mit Sinn und mit meinen Sinnen zu leben. Um Leben in seiner Fülle wahrnehmen zu können, braucht es beides.

Es spielt dabei keine Rolle, ob der Mensch vier, fünf oder zehn Sinne hat. Wichtig ist, dass er mit allem, was ihm zur Verfügung steht, auf die Reize des Lebens und der Welt reagiert und ihr ganzheitlich begegnet.

Gleichzeitig macht es mir die Welt heute manchmal schwer, meine Sinne zu nutzen, ihnen nachzugehen. Ich werde überflutet mit Reizen: Licht, Musik, Lärm, Gerüche über Gerüche, so viel zu berühren und zu schmecken. Hier gilt es besonders, sich zu konzentrieren und sich zu entscheiden.

Die folgenden Übungen helfen, den Sinnen nachzugehen und ihnen nachzuspüren, sie im Leben zu verorten. Nehmen wir die Einladung zur Wahrnehmung an!

Übung 1

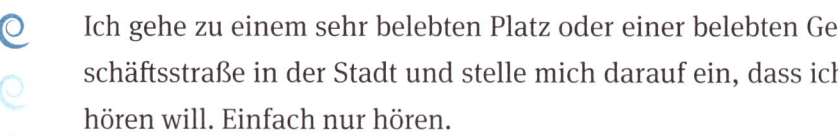

Ich gehe zu einem sehr belebten Platz oder einer belebten Geschäftsstraße in der Stadt und stelle mich darauf ein, dass ich hören will. Einfach nur hören.

Ich suche mir einen Platz, wo ich gut stehen oder sitzen kann.

Ich lenke meine innere Wahrnehmung auf mein Hören und ich versuche zu lauschen. Welche Geräusche dringen an mein Ohr? Das Hupen der Autos, die Stimmen der Menschen, die vorbeigehen, die Musik, die aus den Geschäften dringt, das Rauschen des Windes – so viele unterschiedliche Geräusche! Ich nehme sie wahr und versuche sie zu unterscheiden. Vielleicht gelingt es mir, mich jeweils auf ein Geräusch zu konzentrieren, es unter den vielen Geräuschen auszumachen und eine Zeit bei diesem Geräusch zu verweilen. So mache ich es mit den verschiedenen Geräuschen, die ich wahrnehme.

Ich schließe meine Augen. Höre ich nun anders und anderes? Höre ich intensiver? Oder ist es eher zu viel, was nun auf mich einstürzt?

Das Hupen der Autos, die Stimmen der Menschen, die vorbeigehen, die Musik, die aus den Geschäften dringt, das Rauschen des Windes – so viele unterschiedliche Geräusche!

Wenn ich genug habe, öffne ich meine Augen wieder. Noch einmal höre ich in mich hinein. Später schreibe ich auf, welche Geräusche besonders waren und was sie in mir ausgelöst haben.

So klingt mein Leben

Übung 2

Ich gehe an einen Marktstand, in einen Supermarkt, der Gemüse und Kräuter verkauft – oder in einen Garten, in dem viele verschiedene Pflanzen wachsen. Denn im Folgenden wende ich meine innere Wahrnehmung auf das Riechen.

Dort, wo ich hingegangen bin, orientiere ich mich erst einmal und gehe zu der Ecke mit den Kräutern. Meine innere Wahrnehmung richtet sich auf meine Nase, auf das Schnüffeln und Riechen. Ich stehe in der Kräuterecke und richte meine Nase mal in diese und mal in jene Richtung. Was rieche ich? Ist es ein Zusammen von Verschiedenem, das ich nicht unterscheiden kann – oder rieche ich das ein oder andere heraus? Kann ich meinem Geruchssinn trauen?

Ich gehe zu den einzelnen Kräutern und rieche. Ich kann auch mit meinen Fingern die Gräser oder Kräuter kurz in die Hand nehmen, etwas mit den Fingern an ihren Blättern reiben, sodass der Geruch an meinen Fingern hängt. Ich nehme den Geruch der Kräuter wahr, in all ihrer Unterschiedlichkeit. Manche sind schwach, andere sehr stark. Kann ich einen schwachen Duft noch riechen, nachdem ich einen sehr intensiven Geruch wahrgenommen habe?

Kann ich einen schwachen Duft noch riechen, nachdem ich einen sehr intensiven Geruch wahrgenommen habe?

Vielleicht gibt es auch Blumen im Angebot oder im Garten. Ich gehe nahe an die Blüten heran.

Und so nehme ich die Welt durch meine Nase wahr. Es gibt angenehme Gerüche, weniger angenehme Gerüche. Wie ich denn wohl rieche? Rieche ich mein Rasierwasser oder Parfüm überhaupt noch? Wie andere mich wohl wahrnehmen? Habe ich einen bestimmten Geruch?

Ich versuche, drei Gerüche zu beschreiben, die mir in Erinnerung geblieben sind. Und ich schreibe auf, wie ich selbst wohl riechen mag.

Minze, Tulpen und ich selbst

Übung 3

Diese Übung lenkt die innere Wahrnehmung auf das Schmecken. Dafür nehme ich mir eine Mahlzeit des Tages vor, das Frühstück, das Mittag- oder das Abendessen, und nutze diese Mahlzeit, um meinem Geschmack nachzugehen.

Ich sitze am Tisch und lenke meinen Blick auf das Essen. Ich schaue auf meine Mahlzeit. Regt sich etwas in meinem Mund? Läuft mir das Wasser im Mund zusammen, wenn ich sehe, was mich erwartet?

Ganz bewusst nehme ich die Mahlzeit zu mir, halte den Geschmack fest und spüre ihm nach. Auch wenn das Essen alltäglich ist: Ich genieße, kaue und schlucke ganz langsam. Nach den ersten Bissen frage ich mich: Was schmecke ich da eigentlich? Schmecke ich einige Zutaten klar heraus und andere nicht?

Dazu trinke ich etwas: Wasser oder Tee oder ein Glas Wein. Verändert sich der Geschmack dadurch? Verfeinert er sich? Oder verschwindet er?

Ich spüre weiter dem Essen und Geschmack nach. Verändert das, was ich oft gedankenlos zu mir nehme, seinen Geschmack, nur weil ich es bewusster wahrnehme? Hinterlassen

Verändert das, was ich oft gedankenlos zu mir nehme, seinen Geschmack, nur weil ich es bewusster wahrnehme?

auf diese Weise Gerichte, die einem nicht so recht schmecken, einen anderen Eindruck? Oder spüre ich wieder einmal mehr, dass ich diesen Geschmack einfach nicht mag? Und doch: Ich entdecke in der Alltäglichkeit das Besondere, das immer da ist, sofern ich es denn wahrnehmen kann – oder besser: sofern ich es denn wahrnehmen will!

Es kann aber auch sein, dass mein Essen heute tatsächlich etwas Besonderes ist. Ein Feuerwerk des Geschmacks und der Sinne. Dann genieße ich erst recht. Auch hier gilt: Ich versuche, die verschiedenen Geschmäcke festzuhalten, ihnen nachzuspüren – und sie noch ein bisschen mehr zu genießen.

Im Anschluss schreibe ich auf, was ich erlebt habe. Was schmecke ich jetzt?

Das liegt mir auf der Zunge

Übung 4

Am Anfang war das Tasten. Ich habe alles in die Hand nehmen müssen, alles, was sich mir bot. Tastend habe ich mir die Welt erobert.

Auch heute noch ist das Tasten wichtig und bedeutsam, deswegen übe ich es jetzt noch einmal besonders ein.

Wo immer ich bin: Ich berühre und ertaste mir die Dinge, die mir begegnen. In meinem Raum zu Hause berühre ich den Stuhl oder das Sofa, auf dem ich sitze. Ganz langsam und ruhig. Ich streiche dem Stoff oder dem Holz entlang, langsam und ruhig. Ich versuche, meine Wahrnehmung in meine Hand und meine Finger zu lenken. Was empfinde ich?

Ich mache es mit den anderen Gegenständen ebenso: mit dem Buch, das auf dem Tisch liegt, mit dem Teppich auf dem Boden, mit dem einen Gegenstand, der mir besonders wichtig ist, oder mit etwas anderem, das ich gerade neu entdeckt habe. Ich gehe nach draußen, berühre und betaste den Baum mit seiner unebenen Rinde, die Mauer, die Straße oder das Gras.

Ich versuche, meine Wahrnehmung in meine Hand und meine Finger zu lenken. Was empfinde ich?

Ich ertaste mir die Welt – und ich tue es, indem ich dabei die Augen schließe und nur meine Finger machen lasse.

Nach einer Zeit schreibe ich auf, was ich gefühlt habe, was ich ertastet und neu entdeckt habe.

Mein Fingerspitzengefühl

Übung 5

Ich stelle mich am Abend ganz bewusst auf einen belebten Platz der Stadt. Ich sehe, was sich um mich herum tut: pulsierendes Leben. Die Lichter gehen an, langsam wird die Stadt für den Abend und die Nacht bereitet. So viele Lichter, so vieles zu sehen: Menschen, Geschäfte, Autos, Radfahrer, Hunde, Begegnungen, Licht. Immer wieder Licht! Ich stehe mittendrin, sehe und beobachte und nehme wahr.

Nun lenke ich meinen Blick auf einen bestimmten Punkt und schaue genauer hin. Ich beobachte, wie ich es zuvor schon des Öfteren getan habe. Dabei spüre ich nach, was das in mir auslöst: Behagen, Unbehagen, Neugierde, Urteile.

Ich mache es ähnlich mit zwei anderen Punkten, die ich mir in der Menge vornehme.

Und ich spüre nach: Ist es zu viel, was mir hier begegnet? Eine Überflutung, und dazu das Licht und die Geräusche? Kann ich mich bewusst und gut auf das Sehen einlassen, in der Fülle all dessen, was hier auf meine Sinne einstürzt?

Ich schreibe auf, wie es mir ergangen ist.

Menschen, Geschäfte, Autos, Radfahrer,
Hunde, Begegnungen, Licht. Immer
wieder Licht! Ich stehe mittendrin,
sehe und beobachte und nehme wahr.

Drei Blicklichter am Abend

Übung 6

Ich lenke nun meine ganze Wahrnehmung auf mich selbst. Ich stelle mich vor den Spiegel und schaue mich an, nicht selbstverliebt, nicht selbstkritisch, nicht wertend, sondern einfach beobachtend. Ich sehe ein Gesicht im Spiegel, das mich anschaut. Ich schaue in die Augen. Was sehe ich? Die Farbe, ein Glitzern, Unsicherheit, Selbstbewusstsein oder ein Fragezeichen? Strahlen meine Augen, sind sie vielleicht trüb? Was drücken sie aus?

Ich schaue auf meine Nase und meinen Mund. Ist dieser geöffnet oder geschlossen? Sind die Mundwinkel hochgezogen, ist der Mund ein Strich oder hängen die Winkel vielleicht sogar herunter? Sehe ich einen vollen Mund, volle Lippen?

Mein Blick geht hoch zur Stirnpartie. Sehe ich Falten, eine gekräuselte Stirn oder ist sie noch glatt? Hier verbirgt sich mein Gehirn, neben dem Herzen eine Zentrale meines Lebens, meines Seins. Dort kommt so vieles zusammen, dort berühren die Reize meine Sinne.

Meine Haare, viele oder wenig, gebürstet oder wirr, in die Stirn gelegt oder zurückgekämmt – sie gehören zu mir. Sie bilden den Rahmen für mein Antlitz, sie umrahmen es. Ohne

Ich sehe ein Gesicht im Spiegel, das mich anschaut. Ich schaue in die Augen. Was sehe ich? Die Farbe, ein Glitzern, Unsicherheit, Selbstbewusstsein oder ein Fragezeichen?

Haare sieht mein Gesicht mit einem Male ganz anders aus und gute Bekannte staunen, erkennen mich vielleicht gar nicht auf den ersten Blick.

Ich blicke noch kurz auf meine Ohren, auf meinen Hals und was ich sonst so noch im Spiegel sehe. Dann berühre ich mein Gesicht, male es nach, mit meinen Fingern, ganz langsam und ruhig. Ich will alles genau wissen.

Was empfinde ich, wenn ich mich in dieser Weise anblicke? Wen entdecke ich? Was empfinde ich, wenn ich mein Gesicht in dieser Weise nachzeichne?

Ich finde drei Sätze für das, was ich empfinde – und drei Sätze für das, was ich an mir entdeckt habe.

Mein Spiegelbild, wie ich es noch nie gesehen habe

Übung 7

Ich nehme mir Zeit und setze mich an einen ungestörten Ort, der mich zur Ruhe einlädt.

Nun lese ich meine Notizen durch und versuche dabei, mich kurz auf jeden meiner Sinne zu konzentrieren. Begonnen haben die Übungen mit dem Hören und damit, Geräusche zu unterscheiden. Es folgte das Riechen, das Schmecken, das Tasten, schließlich das Sehen. Und jeder Gebrauch meiner Sinne war eine Übung und ein kreativer Akt, der mein Leben bereichert hat. Meine Sinne gehören zu mir und machen mich sensibel für das, was ich erlebe, was um mich ist, was zur Lebenskunst dazugehört – zu meiner Lebenskunst.

Deshalb habe ich in der letzten Übung auch mich selbst angeschaut, den sinnenhaften Menschen. Er kann hören, sehen, schmecken, riechen und tasten.

Ist einer dieser Sinne bei mir weniger stark ausgeprägt oder gar nicht da? Welcher der Sinne ist mir der liebste? Welcher der Sinne hilft mir am besten, die Welt intensiv wahrzunehmen? Kann ich einen der Sinne herausgreifen? Oder sind sie mir alle gleich wichtig?

Meine Sinne gehören zu mir und machen mich sensibel für das, was ich erlebe, was um mich ist, was zur Lebenskunst dazugehört – zu meiner Lebenskunst.

Ich spüre dieser letzten Frage nach und gebe Antwort: Ja, ich habe einen liebsten Sinn. Nein, ich kann auf nichts verzichten.

Mein Lieblingssinn

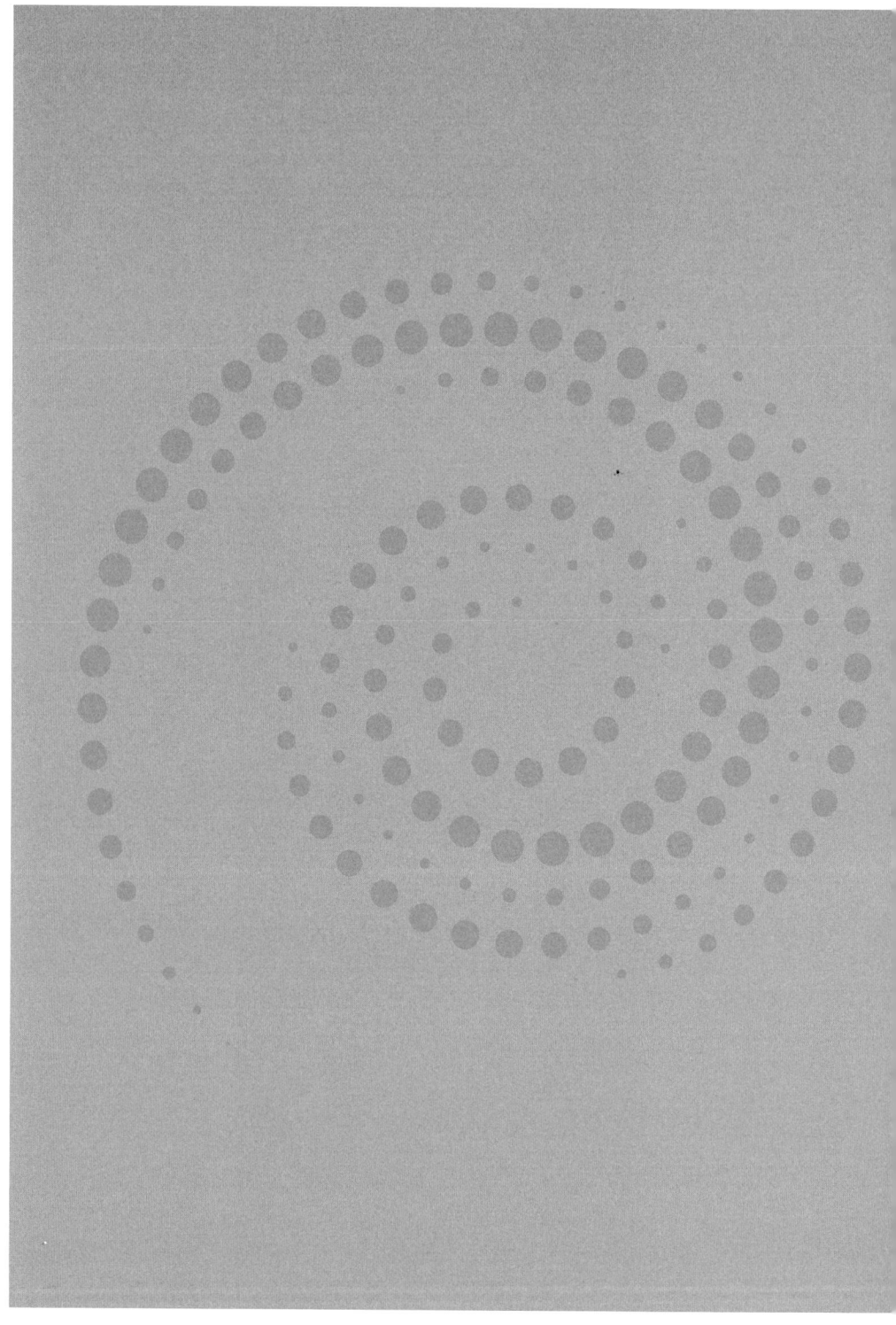

Bewegung für Körper und Seele

Kontemplation
Sich verbinden
Sich verbinden lassen
Eins werden
mit mir
Ruhig werden
Still werden
Wahrnehmen
Einfach nur da sein

Bewegung für Körper und Seele

Es gibt Menschen, die gehen, wenn sie nachdenken wollen oder etwas lernen müssen. Im Gehen und Laufen löst sich etwas, die Gedanken befreien sich, nehmen ihren Lauf, sie nehmen Gestalt an und werden klar.

Es gibt Menschen, die den anderen zu einem Spaziergang einladen, wenn sie über Wichtiges reden wollen. Im gemeinsamen Gehen und Nachvorneschauen lässt es sich leichter reden. Aus dem Inneren lösen sich Worte, die sonst nicht an die Oberfläche kommen.

Wenn ich nachdenke, dann gehe ich. Mal schnell, mal langsam, mal zögerlich, mal resolut. Ich gehe und denke, denke und gehe. Dabei lösen sich die Gedanken, nehmen Form an, entwickeln sich. Die Umgebung spielt keine Rolle. Ich nehme sie kaum wahr. Sie bildet nur den Rahmen für das, was sich in mir abspielt und in Gedanken wächst. Manchmal denke ich im Stillen, manchmal rede ich leise mit mir, manchmal auch laut. Und immer wieder stelle ich danach fest, wie gut mir das getan hat, wie frei mein Kopf auf einmal geworden ist. Ich habe schon viele Problemlösungen erlaufen, die ich vorher nie gesehen habe.

Bewegung hat viel mit Wahrnehmung und einer Andacht zur Wirklichkeit zu tun. Ich rede nicht nur, sehe nicht nur, denke nicht nur. Ich bewege mich auch auf ganz unterschiedliche und vielfältige Weise. Ich bewege mich und nehme mich selbst wahr, in der Anstrengung und Mühe, aber auch in der Langsamkeit. Ich bin dabei oft draußen und verbinde Bewegung mit Natur, meinen Körper mit der Luft. Ich verorte mich und lasse gleichzeitig den Ort los, indem ich mich fortbewege.

Bewegung löst, Bewegung hilft und lässt mich zu mir selbst kommen. Ich nehme meine Grenzen und meine Fähigkeiten wahr und akzeptiere, dass sie sind und wie sie sind.

Die folgenden Übungen beschäftigen sich mit dem Gehen und Laufen, mit Bewegung und der Wahrnehmung meiner Grenzen, mit sich lösenden Gedanken und Worten, mit dem, was mich auch ausmacht: mit meinem Körper.

Übung 1

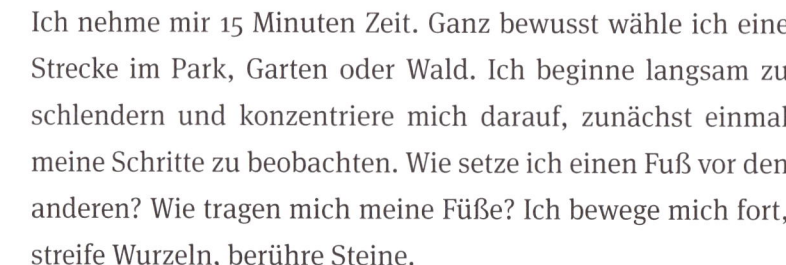

Ich nehme mir 15 Minuten Zeit. Ganz bewusst wähle ich eine Strecke im Park, Garten oder Wald. Ich beginne langsam zu schlendern und konzentriere mich darauf, zunächst einmal meine Schritte zu beobachten. Wie setze ich einen Fuß vor den anderen? Wie tragen mich meine Füße? Ich bewege mich fort, streife Wurzeln, berühre Steine.

Vielleicht tun sie es langsam und zögernd, vielleicht schnell und gezielt, vielleicht aber auch wie selbstverständlich. Selbst wenn sie unsicher sind, nur mit Gehhilfe oder Stütze gehen, ich komme dennoch voran.

So gehe ich eine Weile, bis sich mein Blick langsam von den Füßen auf die Umgebung lenkt. Ich gehe meinen Weg. Das Gehen verbindet mich mit dem Wechsel der Landschaft. Es trägt mich voran, weg von einem Ort und hin zu einem anderen. Ich bin in Bewegung.

Wenn Gedanken kommen, so halte ich sie nicht fest, sondern lasse sie wieder gehen – im Gehen lasse ich, was ich denke und schaue. Ich schaue auf das, was ich sehe, nehme wahr, wie ich gehe und vorankomme. Und so wie es kommt, so wie

So gehe ich eine Weile, bis sich mein Blick langsam von den Füßen auf die Umgebung lenkt. Ich gehe meinen Weg.

sich die Gedanken und das Sehen und Beobachten abwechseln, so ist es gut.

Vielleicht staune ich, vielleicht bin ich berührt von der Natur, vielleicht tut es nur gut zu gehen – und dabei nichts zu tun. Einfach nur zu sein, im Gehen.

Zum Schluss setze ich mich an einen ruhigen Ort und lasse die Zeit Revue passieren. Welches Detail erschien mir wichtig auf meinem Weg? Und wie hat sich dieses Gehen, das bewusste Gehen, angefühlt?

Schritt für Schritt vorangekommen

Übung 2

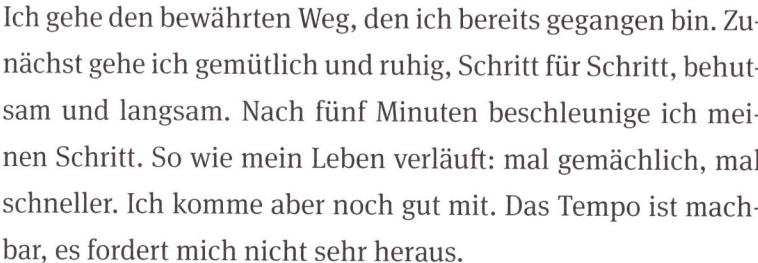

Ich gehe den bewährten Weg, den ich bereits gegangen bin. Zunächst gehe ich gemütlich und ruhig, Schritt für Schritt, behutsam und langsam. Nach fünf Minuten beschleunige ich meinen Schritt. So wie mein Leben verläuft: mal gemächlich, mal schneller. Ich komme aber noch gut mit. Das Tempo ist machbar, es fordert mich nicht sehr heraus.

Nach weiteren fünf Minuten erhöhe ich das Tempo noch einmal: Ich renne aber nicht, sondern gehe so schnell, als ob ich den Zug erreichen müsste. Ich weiß, dass ich rechtzeitig ankommen werde, wenn ich mich nur beeile.

Nach einer kurzen Zeit falle ich wieder in die Gemächlichkeit zurück, in die Ruhe, in das langsame Schreiten. Ich spüre nun meinen Atem, vielleicht bin ich atemlos, außer Atem und mein Puls rast noch. Doch langsam beruhigt sich wieder alles. Ich gehe und im langsamen Gehen löst sich die Atemlosigkeit.

So ist das Leben. Ein Auf und Ab von Ruhe, Gemächlichkeit, von Tempo und Schnelligkeit bis hin zur Atemlosigkeit. Und dann kommt wieder die Ruhe – und das ist gut so. Das Leben lebt von dieser Bewegung, die auch mich in Bewegung hält, etwas von mir fordert und abfordert, um dann wieder alles in ruhigen Gewässern langsam fließen zu lassen.

So ist das Leben. Ein Auf und Ab von Ruhe,
Gemächlichkeit, von Tempo und Schnelligkeit
bis hin zur Atemlosigkeit.

Wie ist mein Leben im Moment? Im Auf oder im Ab? In der atemlosen Bewegung oder in der Ruhe? Schreite, gehe oder renne ich? Ich versuche dieser meiner Lebensbewegung nachzuspüren.

Mein Lebenstempo

Übung 3

Ich nehme mir 15 Minuten Zeit. Ich suche einen Park, einen Wald, einen Wanderweg oder einen Garten auf – und dort gehe ich, ruhig und gemächlich. Nichts treibt oder drängt mich. Nichts wartet auf mich. Ich habe nichts zu erledigen.

Ich gehe und setze einen Schritt vor den anderen. Ich laufe langsam, besinnlich und lasse meinen Gedanken freien Lauf. So wie sie kommen, so lasse ich sie auch wieder gehen, halte nichts fest, bleibe nirgendwo stehen.

Meinen Blick richte ich auf den Weg vor mir. Ich frage mich, wer diesen Weg vor mir gegangen ist, mit welchen Sorgen oder Freuden, mit welcher Last oder Befreiung. Unzählige Menschen haben diesen Weg vor mir genommen. Oder nur Menschen, die ich kenne, weil der Weg privat ist? Menschen haben sich auf diesem Weg angeregt unterhalten oder sich angeschwiegen, sie haben Konflikte ausgetragen oder miteinander getrauert.

Ich gehe einen geschichtsträchtigen Weg! Wenn der Weg erzählen könnte, würde er ganz unterschiedliche Geschichten erzählen. Geschichten, die so bunt sind wie das Leben selbst.

Ich gehe einen geschichtsträchtigen Weg! Wenn der Weg erzählen könnte, würde er ganz unterschiedliche Geschichten erzählen.

Und nun reihe ich mich ein mit meiner Geschichte, mit dem, was mir momentan auf dem Herzen liegt, mich bewegt und umtreibt.

Was ist das? Was würde der Weg von mir erzählen, wenn er dazu die Gelegenheit und die Zuhörer hätte?

Da ging einmal …

Übung 4

15 Minuten Zeit liegen vor mir. Eine geschenkte Zeit der Wahrnehmung! Wieder gehe ich ruhig und gemächlich. Ich schlage aber einen neuen Weg ein, der voller kleiner Überraschungen ist. Ich lasse mich von dem überraschen, das mir begegnet: was auch immer, wie auch immer, wohin auch immer meine Sinne mich tragen.

Ich gehe, zunächst lasse ich wieder meine Gedanken kommen und gehen, halte nichts fest, spüre auch keinem Gedanken nach. Ich gehe.

Nach einer Zeit lenke ich meinen Blick auf das, was mich umgibt: die Bäume, der Wald, die Sträucher, der Rasen, die Wiese. Ich nehme das Wetter wahr: kalt und ungemütlich oder sonnig. Vielleicht nieselt es etwas. Das Wetter kann ich nicht beeinflussen. So wie es ist, so muss ich es nehmen.

Und die Umgebung: Ich schaue, nehme wahr, lasse alles auf mich wirken. Vielleicht sehe ich einen Vogel, vielleicht höre ich ihn nur. In der Ferne sind womöglich Stimmen zu hören oder Geräusche von Autos. Meine Sinne sind da und nehmen wahr: die Augen sehen und beobachten, die Ohren hören, die Nase riecht.

Meinen inneren Blick kann ich immer nur auf eines lenken, will ich es denn wahrnehmen, wie es ist, und respektvoll damit umgehen.

Und es ist eine Fülle von Wahrnehmungen. Meinen inneren Blick kann ich immer nur auf eines lenken, will ich es denn wahrnehmen, wie es ist, und respektvoll damit umgehen. Was drängt sich mir am meisten auf: die Geräusche, das Gesehene, die Gerüche?

Worauf konzentriere ich mich automatisch, weil ich lieber sehe als höre oder lieber rieche als sehe?

Und so gehe ich meinen Weg, den altbekannten oder den neuen und überraschenden – und schließlich konzentriere ich mich auf den einen Sinnenreiz, der mich in Beschlag nimmt.

Gelingt es mir? Oder konkurrieren meine Sinne miteinander und ich kann mich nicht entscheiden? Lärmen die Sinne in mir?

Ich schreibe auf, was und wie ich etwas Neues wahrgenommen habe.

Kleine Überraschungen für meine Sinne

Übung 5

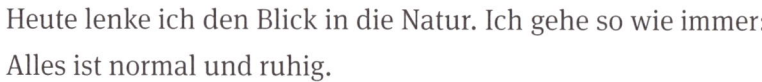

Heute lenke ich den Blick in die Natur. Ich gehe so wie immer: Alles ist normal und ruhig.

Ich wähle einen bekannten Weg und gehe los. Dabei lasse ich von vornherein meinen Blick schweifen. Ich nehme alles wahr, was sich so tut. Mein Blick streift die Bäume, den Weg. Ich entdecke Spuren, das ein oder andere, was Menschen hinterlassen haben. Verschiedene Pflanzen wachsen am Wegesrand, ich sehe das ein oder andere Haus. Es begegnen mir Tiere und Menschen – vieles ist in Bewegung, der Jahreszeit entsprechend.

Mein Blick beobachtet dieses Wunderwerk der Natur. Wie staunenswert ist alles zusammengefügt. Es muss ein Meister sein, der dieses Kunstwerk geschaffen und gestaltet hat. Ein Meister des Lebens, ein Lebensmeister.

Ich nehme wahr, was es ist: ein unglaubliches Geschenk. All das, was ist, weil es ist und wie es ist.

Ich schreibe ein Loblied auf die Schöpfung.

Wie staunenswert ist alles zusammengefügt. Es muss ein Meister sein, der dieses Kunstwerk geschaffen und gestaltet hat. Ein Meister des Lebens, ein Lebensmeister.

Wunderwerk Natur

Übung 6

Und wieder geht es hinaus. Dieses Mal wieder mit meinem Blick, meinen Augen, die wahrnehmen, sehen und einordnen. Ich schärfe meinen Blick noch einmal auf das Wunderwerk der Schöpfung, auf das unglaubliche Zusammenspiel dessen, was ist.

Ich gehe meinen Weg für 20 Minuten. Ich sehe, ich darf sein, so vieles begegnet mir. Nichts davon ist selbstverständlich. Auch nicht, dass ich mich selbst wahrnehme.

Ich gehe meinen Weg und versuche, in mir das Gefühl der Dankbarkeit zu entdecken. Dankbarkeit ist nicht nur ein Gefühl, es ist auch eine Lebenshaltung. Sie vermittelt Gelassenheit und Ruhe. Es ist die Erkenntnis, dass ich in allem abhängig bin, ein kleiner Mensch nur. Was ich habe, was ich bin, was mir begegnet und ich sehe, das kann mir in Sekunden genommen werden. Und dann ist nichts mehr so, wie es war. Es ist anders. Vielleicht ist es aus. Ich bin abhängig – und geschenkt.

Dankbarkeit ist die Erkenntnis, dass ich alles, was ist, als Geschenk annehmen darf und kann. Auch mich selbst.

Dankbarkeit ist nicht nur ein Gefühl, es ist auch eine Lebenshaltung. Sie vermittelt Gelassenheit und Ruhe.

Und so gehe ich in meiner Einzigartigkeit und Vergänglichkeit durch das Wunderwerk der Schöpfung und sage Dank: für mich selbst, für den Weg, für alles, was ich sehe und beobachten darf.

Diesen Dank schreibe ich auf.

Besten Dank!

Übung 7

Bewegung gehört zum Leben. Eine kleine Bewegung mitten im Alltag kann vieles verändern, kann manches wieder ins gerade Lot rücken. Bewegung eröffnet neue Perspektiven. In den vorangegangenen Übungen bin ich mir auf die Spur gekommen: im Gehen, im Laufen und in der Wahrnehmung dessen, was mir dabei alles begegnet ist.

Die Welt ist schön, sie ist geheimnisvoll, sie ist unglaublich vielfältig. Und sie ist, wie sie ist. In dieser Wahrnehmung bin ich mir näher gekommen, denn ich bin Teil dieser Welt – ebenso geheimnisvoll, schön und vielfältig.

Welche der Übungen hat mich zu mir selbst geführt? Welche Bewegung hat mich in meine Richtung geführt?

Diese Übung nehme ich mir noch einmal vor.

Ich schreibe anschließend auf, was sich verändert hat. Habe ich die Übung genauso erlebt wie beim ersten Mal?

In dieser Wahrnehmung bin ich mir nähergekommen, denn ich bin Teil dieser Welt – ebenso geheimnisvoll, schön und vielfältig.

Die kleine große Wiederholung

Richtig sitzen lernen

Geduld, nur Geduld –
Immer wieder die Geduld
Wie der Reiher am Wasserloch
Stundenlang starr stehend
Für den einen Fisch
Die Geduld mit mir
Mit den anderen
Geduld, nur Geduld

Entschleunigung
Kontemplation heißt
Sich entschleunigen
Sich entschleunigen lassen
Nur Geduld, nur Geduld

Richtig sitzen lernen

Sitzen ist für die meisten Menschen das Selbstverständlichste. Sitzen ist mein täglich Brot. Vielleicht habe ich eine sitzende Tätigkeit und mein Beruf lässt sich im Sitzen erledigen?

Ich sitze beim Essen, ich sitze beim Schreiben. Ich sitze und schaue fern. Ich sitze und telefoniere und arbeite, spiele, chatte am Computer.

Ich sitze auf dem Fahrrad, in der Bahn, im Auto, im Flugzeug – und langes Sitzen lässt das unbändige Gefühl wachsen, aufstehen und sich bewegen zu wollen.

Vielleicht bin ich auch auf einen Rollstuhl angewiesen, zeitweilig oder immer. Und dann erhält das Sitzen noch einmal eine ganz andere Bedeutung.

Kann man sagen: Sitzen heißt leben? Zumindest ist es, wie die Bewegung, ein ganz wichtiger und häufiger Bestandteil meines alltäglichen Lebens. Das Sitzen!

Doch wie und wo sitze ich? Da gibt es so viele Möglichkeiten, so viele verschiedene Orte und Gelegenheiten – und bei genauerer Betrachtung wird deutlich, dass Sitzen nicht gleich Sitzen ist.

Im Sitzen geschieht so viel. Ein Blick auf das Sitzen, eine bewusstere Wahrnehmung meines Sitzens, kann helfen, das Leben intensiver wahrzunehmen – und mir und dem Leben neu zu begegnen.

Die folgenden Übungen erinnern an die Bedeutung des richtigen Sitzens. Ich werde mir wieder bewusst, wie ich sitze und wie ich sitzen sollte, um ganz nah bei mir selbst zu sein.

Übung 1

Ich setze mich in einen Raum, der mich dazu einlädt, ruhig zu werden. Ich finde eine Sitzhaltung, die bequem ist. Ich will ja nicht lange sitzen, nur kurz, um zur Ruhe zu kommen. Wenn mich meine Gedanken überfallen, dann ärgere ich mich nicht, versuche nicht gegen sie anzukämpfen. Sie sind da. Sie kommen und gehen, wenn ich sie nicht festhalte, wenn ich sie einfach ignoriere. Vielleicht stellt es sich nach einer Zeit ein, dass ich mich nicht mehr ärgere. Ärgern hilft nicht. Es führt mich nur weg von mir selbst.

Ich bin da, werde ruhig – und wenn nicht, dann ist es so und ich versuche es bald noch einmal. Es ist, wie es ist. Ich beeinflusse es nicht, nehme nur wahr, bin da und lausche in mich hinein.

Die Gedanken gehören zu meinem Leben. Sie sind Resultat meines Lebens, meiner Beschäftigung und meiner Erlebnisse. Sie sind weder gut noch schlecht, sie sind einfach da.

Und ich bleibe sitzen, auch wenn es unruhig in mir werden sollte, auch wenn ich herumrutsche. Ich suche weiter nach einer bequemen Haltung und bleibe sitzen, halte mich und meine Unruhe aus.

Wenn mich meine Gedanken überfallen, dann ärgere ich mich nicht, versuche nicht gegen sie anzukämpfen. Sie sind da.

Fällt es mir leicht, einfach nur zu sitzen? Nichts zu tun, nichts zu denken, herumzuschauen und zu beobachten?

Ich lasse es zu – und versuche, einige Minuten so auszuhalten.

Schließlich nehme ich meine Notizen zur Hand und schreibe auf, welche Gedanken ich nicht ignorieren konnte und wie es mir ergangen ist.

Überfallen von Gedanken

Übung 2

Wie kann ich es vermeiden, dass ich immer unruhig auf meinem Stuhl hin und her rutsche?

Ich setze mich auf einen harten Stuhl, der aber nicht unbequem ist. Ein Stuhl, der es mir ermöglicht, meine Füße in einem 90-Grad-Winkel zum Boden zu stellen. Ich versuche, nicht mit meinem Rücken einzusacken, sondern gerade zu sitzen. Vielleicht hilft mir eine Rückenlehne dabei, vielleicht aber auch einfach das Bewusstsein, dass ich gerade sitze und es für eine gewisse Weile auch tun will. Dies ist die Sitzhaltung für alle Übungen dieser Etappe.

Meine Hände ruhen auf meinen Oberschenkeln, locker abgelegt. Sie brauchen nichts festzuhalten oder zu greifen. Sie ruhen.

Mein Kopf ruht auf meinem Hals, als gehöre er genau in diese Position. Dabei hilft der Gedanke, dass ein Faden von meiner Kopfmitte an die Decke gezogen wird, ein Faden, der meinen Kopf auf natürliche Weise gerade rückt.

Meine Füße ruhen auf dem Boden, der mich trägt und stützt und mir Halt verleiht.

So versuche ich eine Zeit lang, einfach nur zu sitzen. Ich spüre meinem Körper von den Füßen bis zum Kopf nach: zu-

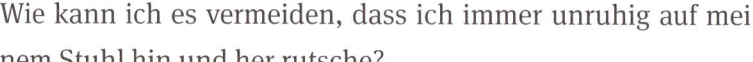

Dabei hilft der Gedanke, dass ein Faden von meiner Kopfmitte an die Decke gezogen wird.

erst die Fußsohlen, die den Boden berühren, die Beine hoch zu den Knien und über die Oberschenkel zu meinem Unterleib, der auf dem Stuhl sitzt, als gehöre er zu ihm. Meine Gedanken erreichen meinen Bauch, nicht verkrampft oder zusammengequetscht, sondern ruhig. Vielleicht gluckert der Magen. Das darf er ruhig. Ich gehe weiter mit meinen Gedanken der Wirbelsäule entlang, hinauf zu den Schultern. Sie sind nicht hochgezogen, sondern hängen ganz normal herunter. Schließlich bin ich bei meinem Kopf angelangt.

Ich ruhe, bin einfach da – mit meinem Körper, der mir gehört, der ich bin.

Nach einer Weile löse ich mich, indem ich mich kurz recke und strecke. Dann schreibe ich auf, wie ich meinen Körper jetzt wahrnehme. Fühle ich mich fremd oder vertraut? Sitze ich anders und bewusster als vorher?

Mein Körperbewusstsein

Übung 3

Ich suche mir einen Raum, der mich zur Ruhe einlädt. Ich setze mich auf einen Stuhl wie in Übung 2. Die Hände lege ich als Schale geformt in meinem Schoß.

Nun konzentriere ich mich nach innen: Ich schließe die Augen oder lenke meinen Blick auf den Boden vor mir.

Ich versuche, meinen Körper zu spüren: die Füße, die fest auf dem Boden ruhen, verbunden, getragen. Die Beine im Winkel gekrümmt, sie tragen mich, meine Last, was mich freut und belastet. Ich spüre mein Becken, in welchem ich ruhe, mit dem ich so oft auf dem Stuhl sitze. Manchmal lange und geduldig, manchmal gequält.

Ich gehe meinen Oberkörper entlang: Hier ist der Bauch, der Magen, das Herz. Alles ist da. Ich gehe meine Schultern entlang, die Arme bis in meine Hände und in die Fingerspitzen hinein. Ich tue es ruhig, wandere entlang, spüre nach. Doch dabei bleibe ich gedanklich nicht stehen. Schließlich gehe ich meinen Kopf entlang, Zentrum meiner Sinne: die geschlossenen Augen hinter den Lidern, den Mund, der meine Zunge in sich birgt, meine Worte und Sprache. Dann gehe ich zu meinen Ohren, sie sind ganz aufmerksam, hören die Stille, hören die

Wie ein Beobachter schaue ich meinen
Atem von außen an. Wie ist mein Atem?

Geräusche, die die Stille um mich durchbrechen. Schließlich spüre und höre und fühle ich meinen Atem.

So bleibe ich einige Minuten lang sitzen, spüre mich und meinen Atem, das Lebenselixier, das durch mich hindurchfließt. Wie ein Beobachter schaue ich meinen Atem von außen an. Wie ist mein Atem? Welche Worte finde ich für ihn?

Nach der Übung schreibe ich auf, wie sich mein Körper jetzt anfühlt. Konnte ich mich auf meinen Atem konzentrieren?

Ich und das Lebenselixier

Übung 4

Warum ist mein Atem so laut?

Genau wie in den beiden vorangegangenen Übungen wähle ich die gerade Sitzhaltung, bereite meinen Körper und lege meine Hände, zur Schale geformt, in den Schoß. Wieder gehe ich meinen Körper entlang: von den Füßen bis hoch zu meinem Kopf. Ich bin bei meinem Atem angelangt. Die Augen schließe ich oder lasse sie auf einem Punkt vor mir auf dem Boden ruhen.

Ich beobachte meinen Atem. Ist er angestrengt, erregt, beunruhigt und unrhythmisch? Oder ist er normal, ruhig und rhythmisch? Ein und aus, ein und aus, ein und aus.

Eine Zeit lang beobachte ich ihn und nehme ihn wahr. Mein Atem ist, wie er ist. Es ist nichts schlecht, ich beobachte nur. Vielleicht spüre ich nach und nach, dass durch Beobachtung mein Atem ruhig wird. Oder ganz im Gegenteil: Er wird unruhig, fühlt sich geprüft und kontrolliert an, was mir nicht gefällt.

Ich verweile eine ganze Zeit in dieser Weise, beobachtend, nicht wertend, nehme wahr, lausche dem Atem nach. Tut sich mit der Zeit eine Schwerelosigkeit auf, ein Ruhen in mir selbst?

Ich lasse mir die Zeit, die ich brauche.

Eine Zeit lang beobachte ich ihn und nehme ihn wahr. Mein Atem ist, wie er ist.

Wenn es genug ist, dann gehe ich noch einmal meinen Körper durch, langsam, nur wahrnehmend, öffne die Augen, verweile noch kurz, erlaube meinen Augen, sich wieder an die Umgebung zu gewöhnen, schaue mich kurz im Raum um und lockere meine Glieder, indem ich sie strecke und dehne. Dann verlasse ich den Raum.

Ich finde drei Wörter für die Erfahrung meines Atems und drei Wörter für diese Übung.

Meine Atemwörter

Übung 5

Wieder sitze ich in meiner nun schon gewohnten Sitzhaltung. Ich bereite meinen Körper, sitze gerade und nehme mein Sitzen wahr. In gewohnter Weise gehe ich meinen Körper mit meinen Gedanken durch und nehme ihn wahr. Sitzend ruhe ich in mir. Der Stuhl trägt mich und lässt zu, dass ich mich selbst wahrnehme. Er lädt mich zur Ruhe ein, zur Ruhe in mir. Mein äußerer Blick richtet sich auf einen Punkt vor mir auf dem Boden oder ich schließe meine Augen.

Mein innerer Blick und meine Beobachtung gehen wieder zu meinem Atem. Ist er ruhig oder unruhig? Rhythmisch oder unrhythmisch? Fließt er dieses Mal?

Ich versuche nun, den Atem zu regulieren. Ich atme ganz ruhig und langsam ein und atme ebenso ruhig und langsam wieder aus. Wenn es hilft, dann zähle ich innerlich dabei: Ich atme ein: eins, zwei, drei und ich atme aus: eins, zwei, drei. Das übe ich ein, immer wieder über einen längeren Zeitraum.

Dann versuche ich, das Zählen zu lassen und einfach in diesem Fluss weiter zu atmen. Ein und aus, ein und aus. Dabei verweile ich bei mir, in mir, nehme nur mich und meinen Atem wahr.

Der Stuhl trägt mich und lässt zu, dass ich mich selbst wahrnehme. Er lädt mich zur Ruhe ein, zur Ruhe in mir.

Wenn es genug ist, konzentriere ich meinen Blick wieder auf den Punkt vor mir oder mache die Augen auf. Wie erscheint mir dieser Raum? Was nehme ich im Raum wahr? Hat sich etwas verändert?

Ich schreibe auf, wie ich jetzt in diesem Raum auf diesem Stuhl sitze.

Zurück von der Reise

Übung 6

Der Stuhl lädt mich zum Sitzen ein. Ich nehme die Einladung an und sitze wieder wie gewohnt, gehe meinen Körper entlang, nehme wahr und fühle mich hinein. Mein Blick geht auf den Punkt vor mir auf dem Boden oder ich schließe die Augen.

Ich beobachte kurz meine Gedanken, wie sie kommen und gehen. Welche Gedanken es sind, ist nicht von Interesse. Mein Atem kommt und geht. Er belebt mich, verlässt mich und pumpt Luft in meine Lungen. Ich beobachte ihn kurz und versuche, mich rhythmisch auf ihn einzulassen: ein und aus, ein und aus – ein guter und ruhiger, ein fließender Rhythmus. Eine Zeitlang übe ich dies ein.

Und dann formt sich im Inneren ein Wort, nur ein Wort, das ich mit jedem Einatmen und jedem Ausatmen denke: „Du!"

Ich atme ein: „Du!" und ich atme aus: „Du!" Immer wieder „Du" und „Du" und „Du".

Das übe ich zehn Minuten ein.

Langsam lasse ich los, kein Wort mehr, nur noch der Atem, eine kleine Weile. Dann öffne ich langsam die Augen oder löse meinen Blick vom Punkt auf dem Boden vor mir. Ich nehme

Welche Gedanken es sind, ist nicht
von Interesse. Mein Atem kommt und
geht. Er belebt mich, verlässt mich
und pumpt Luft in meine Lungen.

80

den Raum wahr, mich selbst, sitzend auf dem Stuhl. Ich lasse alles nachklingen.

Und dann schreibe ich auf, wie es war mit diesem „Du". Ich lasse mir Zeit, auch hier nachzuspüren, bevor ich es aufschreibe.

Mein Atem kommt zu Wort

Übung 7

Ein letztes Mal setze ich mich auf den Stuhl, in gewohnter Weise bereite ich mich äußerlich und innerlich vor: die Art des Sitzens, die Weise, meinen Körper und Atem wahrzunehmen – es ist, wie es ist. Und so wie es ist, so ist es gut.

Das Sitzen führt mich in die Stille – und die Stille führt zu mir. Sie lässt mich die Welt auf ganz andere und neue Weise wahrnehmen, das Leben in Fülle und auch Gott.

Ich schaue auf meinen Atem, versuche, ihn ruhig werden zu lassen: ein und aus, ein und aus, immer wieder, bis ich einschwinge in mir selbst, nur mich spüre. Ein und aus, ein und aus.

Aus meinem Inneren steigen zwei Wörter auf, das Wort „Du" und das Wort „Gott".

Ein: „Du", aus: „Gott", ein: „Du", aus: „Gott". Und ich atme ein und aus, ein und aus.

So bleibe ich eine längere Zeit sitzen, weil ich mich in mir wohlfühle, weil es gut so ist, weil ich mir begegne. Bin ich auch dem anderen begegnet? Ich bleibe sitzen, weil es guttut, einfach nur da zu sein: in der Ruhe und Stille, auf dem Stuhl im Raum, in der Welt – mit dem Du und Gott.

Erfahre, dass Sitzen geübt sein will
und in die innere Stille führen kann!

Wenn es geboten erscheint, löse ich mich wieder in der gewohnten und langsamen Weise, dehne mich, lasse mir Zeit.

Ich suche drei Sätze, die meine Erfahrung mit dieser Übung beschreiben. Und dann noch einmal drei Wörter, die mir zum Sitzen einfallen.

Wem ich sitzend begegnet bin

Mutig den eigenen Gedanken begegnen

Doch geht das
Wie
Es geht
Immer
Immer wieder von Neuem
Mitten im Leben
Mitten im Alltag
Mitten in der Stille
Der ruhigen, der lauten, der lärmenden
Und der notwendigen

Mutig den eigenen Gedanken begegnen

Ich suche einen Raum auf, in dem ich Ruhe finden kann. Aber ich stelle fest, dass es mir schwerfällt, ruhig zu werden. Es gelingt mir nicht. Ich kann meine Gedanken nicht abstellen. Sie kommen und gehen, lärmen auf mich ein, übertönen meine zaghaften Versuche, ruhig und still zu werden. Warum sind meine Gedanken so laut?

Immer wieder mache ich diese Erfahrung und ärgere mich, komme dadurch erst recht nicht zur Ruhe – und habe das Gefühl, dass es ohnehin nichts bringt: Ich schaffe es nicht. Ich kann es nicht.

Und dann ist da noch das Dunkle und das Schwere, das mich immer dann einholt, wenn es überhaupt nicht passt: meine Schuld, meine Unterlassungen, meine Feigheit, das, was mir nicht an mir gefällt. Und doch ist es da und lebt in mir.

Die Kunst, ruhig zu werden, gelingt nur demjenigen, der es nicht zu verkrampft und verbissen angeht. Je mehr ich mich ärgere, umso weniger wird es mir gelingen, ruhig zu werden. Je mehr ich gegen meine Gedanken ankämpfe, umso weniger werde ich ruhig. Ich verkrampfe und lasse es nach kurzer Zeit bleiben. Je mehr ich gegen das ankämpfe, was in mir lebt, umso leichter wird es mich einholen und überwältigen. Je mehr ich aus dem Stress ausbrechen will, um schnell zur Ruhe kommen, umso weniger wird es gelingen.

Gedanken kommen und gehen. Ich lebe in und mit Gedanken. Wie kann ich erwarten, dass ich sie so einfach abschalten und zur Seite räumen kann? Und doch kann es gelingen, wenn ich die Gedanken wahrnehme und annehme und sie im Annehmen loslassen kann. Ebenso geht es mit dem anderen, dem Schweren.

Das ist kein leichter Weg. Es ist sehr wichtig, den ganzen Körper und auch meinen Atem hinzuzunehmen, meine Gedanken mit meinem ganzen Dasein in Verbindung zu bringen. Dann kann ich es zulassen und akzeptieren: Es ist, wie es ist, weil ich bin, wie ich bin. Es lärmt womöglich weiter in mir, aber es stört mich nicht mehr so.

Die folgenden Übungen zeigen einen Weg auf, wie ich mich wahrnehmen und auch lassen kann. All das, was in mir ist, darf sein. So kann ich – inmitten des Lärms – doch noch zur Ruhe kommen.

Übung 1

Ich setze mich für fünf Minuten in einen Raum, wo ich alleine bin, wo Ruhe herrscht. Ich setze mich gerade hin, in eine Position, die ich für einige Minuten einnehmen kann. Ruhe bedeutet, dass sich nichts ereignet, Ruhe bedeutet ausruhen. Ich nehme eine Haltung ein und übe sie ein. Sie lässt mich ruhig werden – und das in einem Raum, der mir Ruhe schenkt und ermöglicht. Die Ruhe vor dem Sturm?

Ich schließe meine Augen.

Es kann sein, dass es mir schwerfällt, sie geschlossen zu halten. Vorher hatte ich so vieles zu tun, so vieles ist auf mich eingestürzt. Ich halte die Augen dennoch geschlossen. Bilder schießen mir durch den Kopf und Szenen, die ich gerade erlebt habe. Gedanken kommen und gehen, drängen sich auf und werden von anderen abgelöst.

Ich nehme alles wahr, was sich in mir tut und bewegt, was mich beschäftigt. Ich halte kurz bei jedem Gedanken inne und betrachte ihn. Ist er es wirklich wert, dass ich mich weiter mit ihm beschäftige, dass er mich so besetzt hält? Wenn ich die Antwort habe, lasse ich diesen Gedanken langsam los und widme mich dem nächsten. Die Gedanken kommen und gehen, Bilder

> Ich halte kurz bei jedem Gedanken inne und betrachte ihn. Ist er es wirklich wert, dass ich mich weiter mit ihm beschäftige, dass er mich so besetzt hält?

kommen und gehen. Ich halte inne, nehme wahr, frage mich und lasse die Bilder und Gedanken wieder los.

Ich setze mich nicht unter Druck. Nichts muss ich erreichen. Ich bin da und schaue meinen Gedanken zu.

Um zur Ruhe zu kommen, darf ich nicht gegen das ankämpfen, was in mir ist. Ich muss es wahrnehmen, annehmen und begrüßen. Auch meine Gedanken.

Ich sage Hallo zu ihnen. Sie gehören zu mir, hier und jetzt. Aber es gibt auch noch anderes.

Eine Zeit verweile ich in dieser äußeren Ruhe und dem innerlichen Hinschauen.

Ich schreibe auf, was ich wahrgenommen habe – mit drei Sätzen. Welche Gedanken lohnten sich, festgehalten zu werden?

....

Drei Gedanken, die mir wichtig sind

....

Übung 2

Ich setze mich für zehn Minuten in einen stillen Raum, suche eine gute Sitzposition – und tauche in mir ein. Ich schließe die Augen, nehme wahr, was sich an Bildern und Gedanken regt.

Ich konzentriere mich auf meinen Atem. Ich versuche ganz ruhig ein- und auszuatmen und dabei in einen Rhythmus zu kommen. Ein und aus, ein und aus. Wenn mich ein Gedanke oder ein Bild belästigt, dann lasse ich es einfach zu und konzentriere mich auf den Atem: ein und aus, ein und aus.

Ich spüre mein Herzklopfen, vielleicht ist es unruhig und laut in mir. Ich lasse es so, wie es ist, und konzentriere mich weiter auf meinen Atem. Ein und aus, ein und aus.

Langsam stellt sich eine Ruhe ein, die mir der Atem verschafft: Ein und aus, ein und aus. Und mit jedem Atemzug hole ich die Stille in mich hinein, mit jedem Ausatmen lasse ich los, die Gedanken und Bilder – mich selbst.

So sitze ich zehn Minuten. Ich sitze und atme und bin einfach nur da: Einatmen und Ausatmen, ein und aus.

Wenn mich ein Gedanke oder
ein Bild belästigt, dann lasse ich
es einfach zu und konzentriere
mich auf den Atem: ein und
aus, ein und aus.

90

Zuletzt löse ich mich, öffne die Augen, nehme den Raum wahr, strecke und dehne mich – und schreibe auf, wie ich nun hier sitze. Ist es mir gelungen, die Gedanken und Bilder einfach zuzulassen? Hat mich das entspannt oder angestrengt?

Zugelassen, losgelassen

Übung 3

Ich gehe in einen Raum, in dem ich ruhig und still werden kann. Stille ist noch einmal etwas anderes als Ruhe. Stille steht zwischen der Ruhe und dem Schweigen. Sie ist die Abwesenheit von jeglichen Geräuschen und von Bewegung. Es ist windstill.

Stille ist eine Bewegung in sich. Sie wendet sich zu etwas hin: Stille wendet sich nach innen. In der Ruhe führt mich die Stille zu mir selbst, in mein Inneres, in mein Zentrum. Stille lädt ein, sich selbst mit allen Sinnen zu nähern.

Und so bereite ich mich vor, mir selbst zu begegnen. Ich nehme eine Sitzhaltung ein, die mich trägt, die Hände auf die Oberschenkel gelegt, den Kopf gerade, die Schultern nicht hochgezogen.

Ich schließe meine Augen, konzentriere mich von Beginn an auf meinen Atem: ein und aus, ein und aus, ganz rhythmisch und ruhig.

Mein inneres Auge richtet sich auf meinen Herzschlag. Mein Herz, das mir Leben schenkt und nicht nur das! Es gibt den Takt an. Es steht für mein Leben, für das, was mich ausmacht, für das, was zu mir gehört, für das, was in mir verborgen ist.

Mein inneres Auge richtet sich auf meinen Herzschlag. Mein Herz, das mir Leben schenkt und nicht nur das! Es gibt den Takt an.

Ich versuche, meinen inneren Blick in dieses Herz zu richten, das in mir pulsiert, das den Puls meines Lebens bestimmt.

Ich blicke auf mein Herz – Gedanken, Gefühle und Erinnerungen kommen.

Eine Weile verharre ich mit diesem Blick.

Nach einer Zeit löse ich mich wieder, richte den Blick auf meinen Atem, öffne langsam die Augen, nehme meine Umgebung und mich selbst war. Ich strecke und dehne mich.

Was habe ich alles in mir gesehen?

Mit dem Herzen gesehen

Übung 4

Ich suche meinen Platz der Ruhe, setze mich hin und bereite mich, indem ich die Sitzposition finde, die mir guttut. Meine Hände liegen wie immer auf meinen Oberschenkeln. Ich nehme den Raum kurz wahr, schließe die Augen und horche in mich hinein. Kurz nehme ich wahr, was sich in mir an Gedanken und Bildern tummelt. Ich lasse sie an mir vorüberziehen wie die Bilder, an denen ich in einem Museum entlanggehe.

Ich schaue auf meinen Atem, ein und aus, versuche in einen klaren Rhythmus zu kommen, ein und aus, ein und aus – eine ganze Zeit lang lasse ich es geschehen, diesen Atem, ein und aus. Ich atme das Leben ein und atme meine Gedanken und Bilder aus, sodass ich einfach nur bin, da bin, hier in diesem Raum.

Ich bereite mich langsam darauf vor, dass ich meinen Atem mit einem Wort verbinde, einem lebenswichtigen Wort, dem Wort: „Ja".

Ich atme ein und denke mir dabei: „Ja". Ich atme aus und denke mir dabei: „Ja". Ein: „Ja", aus: „Ja", ein: „Ja", aus: „Ja".

Ich atme das Leben ein und atme meine Gedanken und Bilder aus, sodass ich einfach nur bin, da bin, hier in diesem Raum.

Ich atme das Leben ein, das „Ja" zum Leben, und atme mit dem „Ja" das aus, was mich belastet, was mir das Leben schwermacht.

Mit dem „Ja" im Atem atme ich auch mein „Ja" ein: das „Ja" zu mir selbst.

Wenn ich das Gefühl habe, dass es genügt, lasse ich das „Ja" sein, atme nur noch, fühle meinem Körper nach, öffne langsam die Augen, nehme wahr, verweile kurz, strecke mich.

Und ich schreibe auf, was das „Ja" im Atem in mir ausgelöst hat.

Ja, ja und nochmals ja!

Übung 5

An einem sonnigen Tag suche ich mir draußen einen Ort abseits des Trubels und Lärms. Ich setze mich auf eine Bank oder einen Stuhl, suche keine besondere Sitzposition, sondern mache es mir einfach bequem.

Ich halte mich und mein Gesicht der Sonne hin und lasse mich bescheinen. Vielleicht schließe ich dabei die Augen und fühle nach, wie gut es tut, einfach mein Gesicht der Sonne hinzuhalten. Sie wärmt mein Gesicht und meinen Körper. Ich fühle, wie diese Wärme etwas aufbricht, in meinem Gesicht, in mir selbst.

Ich halte mich der Sonne hin – und all das, was mir nachgeht: meine Sorgen, meinen Stress, in den es gleich wieder zurückgeht. All das, was mich belastet, lasse ich von der Sonne bescheinen, erwärmen – und bald ist kein Kloß mehr im Hals, ich fühle keinen Stein mehr im Magen. Denn die Sonne erwärmt nicht nur, sie kann auch heilen und Versöhnung einleiten.

Ich halte mich der Sonne hin – und all
das, was mir nachgeht: meine Sorgen,
meinen Stress, in den es gleich wieder
zurückgeht. All das, was mich belastet,
lasse ich von der Sonne bescheinen.

Mit geschlossenen Augen halte ich der Sonne meine Schwächen hin. So bleibe ich einige Minuten sitzen.

Schließlich schreibe ich diese Schwächen auf. Welche habe ich der Sonne hingehalten?

Habe ich der Sonne gezeigt

Übung 6

Ich nehme mir zehn Minuten Zeit, setze mich in einen Ruhe-Raum. Was ich gerade getan habe, unterbreche ich ganz bewusst. Ich setze mich mir aus. Für eine kleine Weile bin ich nur mit mir zusammen – und darf das genießen.

Ich finde eine Sitzhaltung, die mir guttut, schließe die Augen und lasse vor meinem inneren Auge die letzten Stunden Revue passieren.

All das, was mir Stress gemacht hat, versuche ich, von mir zu lassen, indem ich mich wieder auf meinen Atem konzentriere. Ein und aus, rhythmisch, nicht hektisch, ruhig und konstant. Ein und aus. Mit dem Atem atme ich das Leben ein, beim Ausatmen lasse ich den Stress Stress sein: die Arbeit, die mir nicht leicht von der Hand geht, die vielen Termine, die ich kaum bewältigen kann, den Druck, der da ist. All das lasse ich für einige Minuten einfach sein – und ich bin da, bei mir und mit mir, und so ist es gut.

Ich gönne mir diese Minuten, auch wenn ich sie anders gebrauchen könnte. Aber nur in der Ruhe liegt die Kraft, und die muss ich mir immer von Neuem holen.

Ich gönne mir diese Minuten, auch wenn ich sie anders gebrauchen könnte. Aber nur in der Ruhe liegt die Kraft und die muss ich mir immer von Neuem holen.

Ich spüre meine innere Kraft, die ich in der Stille und in mir entdecke, im kraftvollen Atem.

Die zehn Minuten halte ich ein oder bleibe noch ein paar Minuten länger.

Dann löse ich mich langsam, bereite mich auf die nächsten Schritte im Alltag vor, öffne die Augen, bin noch kurz im Raum und nehme wahr, dehne und strecke mich.

Die leeren Zeilen laden mich ein, diese meine innere Kraft in Worte zu fassen. Was habe ich entdeckt?

Daraus schöpfe ich neue Kraft

Übung 7

Ein letztes Mal gehe ich in den Raum, der mir Ruhe schenkt und in dem ich Stille finde. Ich setze mich hin wie gewohnt. Meine Hände formen eine Schale. So kann ich es die nächsten Minuten mit mir und meinem Sitzen aushalten. Ich richte meinen Blick auf einen Punkt vor mir und gehe kurz meinen Körper durch, von den Fußsohlen bis zur Kopfspitze. Ich begrüße, was zu mir gehört, und richte mich langsam darauf ein, die Augen zu schließen.

Meine Hände habe ich zu einer Schale geformt, die eine Hand auf der anderen. Meine Daumenspitzen berühren sich. Diese Schale ruht in meinem Schoß.

Meine innere Wahrnehmung geht auf meinen Atem. Ein und aus, am Anfang unrhythmisch, dann immer rhythmischer. Ein und aus, ein und aus. Ich atme das Leben ein und atme das aus, was mich belastet. Ich bin da!

Nach einer Zeit richtet sich mein innerer Blick auf die gebildete Schale in meinem Schoß. Sie ist leer. Sie ist offen für das, was mir das Leben schenkt – was immer das auch sein mag. Das Leben selbst ist ein Geschenk. Die Schale ist das Symbol für diese Offenheit und für mein Leben.

Wisse, dass deine Gedanken zu dir
gehören, und es ist gut so!

Ich bin reich beschenkt und werde reich beschenkt, wenn ich offen bin für das Leben, für die Welt, für Gott.

Nachdem ich eine Zeit lang die leere Schale betrachtet habe, löse ich mich langsam von ihr. Ich bereite mich darauf vor, die Augen zu öffnen. Das Licht blendet zunächst. Ich nehme den Raum wahr, mich selbst, strecke und dehne mich.

Dann schreibe ich auf, was mir die offene Schale in meinem Leben bedeutet. Kann ich alles in meinem Leben als Geschenk betrachten?

Mit offenen Händen

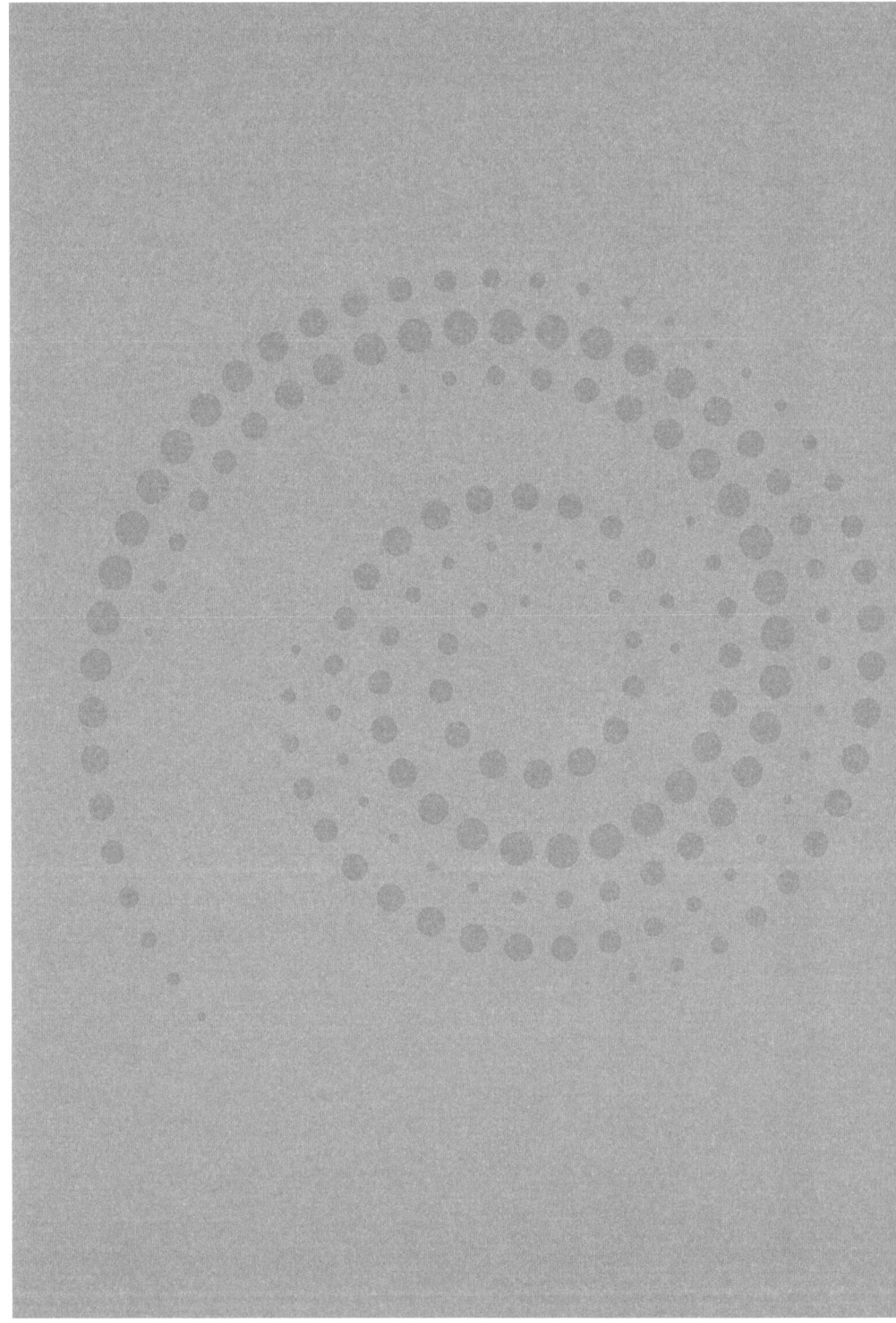

Existenzielle Fragen zulassen

Nicht mit Übungen allein
Nicht durch Rituale und Riten allein
Sondern in der Haltung der Ehrfurcht
Des Respekts
Der Liebe

Kontemplation
Sich verbinden lassen
Mit der tiefsten Gewissheit des Lebens
Mit der tiefsten Wirklichkeit des Lebens
Mit dem Leben selbst

Existenzielle Fragen zulassen

Als Kinder sind wir mit unseren Eltern über den Friedhof gelaufen, an vielen Sonntagen. Und es waren schöne Spaziergänge voller Entdeckungen und voller Rätsel. All die Grabsteine mit den Jahreszahlen oder Sprüchen, mit komischen Figuren, verwunschenen Engeln. Er gehörte wie selbstverständlich dazu, der Gang über den Friedhof. Doch das hat sich heute verändert. Wo begegnet mir der Tod noch? Wo hat er noch einen Platz im Alltag?

Der Tod ist eines der großen Rätsel meines Lebens. Was wird sein? Wird etwas sein? Der Tod gibt viele Fragen auf. Manchmal macht mir der Tod auch Angst, so richtig Angst. Was ist, wenn wirklich nichts mehr ist? Ich kann nicht mehr denken, nicht mehr fühlen, nicht mehr gehen oder sitzen, mich nicht mehr bewegen, nicht mehr reden, nicht mehr hören, nicht mehr sehen oder tasten. So kann ich nicht leben: Es ist das Nichts, das auf mein Leben folgt.

Solche Gedanken bewegen mich immer wieder und machen Angst. Die kann ich nicht wegreden, nicht einmal wegbeten. Ich muss die Angst nehmen, wie sie ist – und mit dem konfrontieren, woran ich glaube. Was mir bei diesen Fragen und Gedanken Mut macht, Hoffnung gibt und mich nicht verzweifeln lässt: mein Glaube an einen Gott der Lebenden und nicht der Toten.

Der Tod macht es mir nicht einfach und doch gehört er zum Leben dazu. Leben heißt sterben müssen, Leben bedeutet, sich auf den Tod vorzubereiten und ihn willkommen zu heißen. Denn er wird kommen und an meine Lebenstür klopfen: Deine Uhr ist abgelaufen.

Es ist wichtig, sich immer wieder darauf vorzubereiten und sich diesen Gedanken um das Ende zu stellen, ob es mir lieb ist oder nicht. Denn es ist, wie es ist. Zum Leben gehört der Tod, so ist es nun einmal. Das muss ich wahrnehmen, wahrhaben und mich dem stellen, immer wieder einmal, wenigstens annäherungsweise, sodass er mich nicht nur überrascht, der Tod.

Tod und Leben gehen Hand in Hand. Sie sind wie Bruder und Schwester. Wenn ich das wahrnehme und ernst nehme, dann kann mir das helfen, mit den Situationen des Alltags und des Stresses umzugehen. Worauf kommt es wirklich an? Was ist wirklich wichtig? Gedanken über Leben und Tod schenken eine Gelassenheit im Umgang mit den Dingen, der Welt und mir selbst.

Die folgenden Übungen wollen mich darauf einstimmen, dem Tod nicht aus dem Weg zu gehen. Ich soll ihn nicht nur wahrnehmen, sondern aufnehmen, mitten in mein Leben hinein. Er gehört dazu, er gehört zu mir. Kann ich ihn begrüßen, auf den ich unweigerlich zugehe? Er geht immer mit, schon heute, hier und jetzt.

Will ich das Leben wahrnehmen, will ich zu mir selbst zurückkehren, dann muss ich auch dem Tod ins Auge schauen. Wenigstens so dann und wann.

Übung 1

Ich setze mich in einen ruhigen Raum, wo mich nichts ablenkt außer dem, was in mir ist.

Ich setze mich so hin, wie ich es in den Übungen zum Sitzen eingeübt habe: gerade, die Beine im 90-Grad-Winkel, die Arme ruhig auf den Oberschenkeln, den Kopf durch einen Faden mit der Decke verbunden. Ich gehe meinen Körper durch und bereite mich vor, für einige Minuten in Stille zu versinken.

Die Augen sind geschlossen oder auf einen Punkt vor mir auf dem Boden gerichtet. Ich beobachte meinen Atem und beruhige ihn: ein und aus, ein und aus.

Aus mir erwächst ein Wort, das mir schon vorher gegeben ist: „Sterben". Mit dem Einatmen denke ich dieses Wort, im Ausatmen denke ich das Wort: „Tod". Ein: „Sterben", aus: „Tod", immer wieder, in aller Ruhe, in aller Disziplin, hinein und heraus, Annahme und Loslassen. So wie das Leben nun einmal ist, so wie der Tod es will. Ein und aus, „Sterben" und „Tod".

Ich nehme mir Zeit.

Sterben und Tod, zwei Wörter, die sich mit mir und meinem Atem, mit meinem Leben verbunden haben und wieder verbinden werden.

Wenn ich das Gefühl habe, dass es reicht, dann öffne ich langsam die Augen, gewöhne mich wieder an die Umgebung, ich strecke und dehne mich.

Ich nehme mir meine Notizen zur Hand und schreibe auf: Sterben und Tod, zwei Wörter, die sich mit mir und meinem Atem, mit meinem Leben verbunden haben und wieder verbinden werden. Wie habe ich diese Übung erlebt? Was hat sie ausgelöst an Ängsten, Gefühlen, an Zuversicht und Glaube? Welche Fragen kamen mir in den Sinn?

Ich lasse mir Zeit zum Schreiben, so wie ich mir auch Zeit lassen muss, wenn ich an den Tod denke.

Die Letzten Dinge

Übung 2

Ich bereite mich auf einen Friedhofsgang vor. Ich wähle den nächstbesten Friedhof und gehe langsam die Wege entlang. Gräber ganz unterschiedlicher Art begegnen mir hier: kleine und große, Reihengräber, Familiengräber und Gruften. Auf manchen Grabsteinen steht nur der Name, oft sind sie mit den Jahreszahlen von Geburt und Tod versehen. Vielleicht entdecke ich das ein oder andere Foto eines Verstorbenen, Engel, Kreuze oder Marienstatuen.

Die Welt der Gräber ist vielfältig. Überraschend, wie der Tod und die Endgültigkeit sich hier präsentieren.

Ich laufe die Gräberreihen entlang und schaue nur, nehme wahr. Wenn mich etwas mehr interessiert oder ich es schön finde, dann bleibe ich stehen und verweile einen Moment.

Ist es ein großer Friedhof, so liegt er inmitten der Natur, eingebettet in das Werden und Vergehen des Lebens. Im Frühjahr erweckt die Sonne alles zum Leben, es beginnt zu wachsen und zu blühen. Im Sommer steht die Natur in voller Pracht, im Herbst vergeht sie und im Winter ist alles vergangen und eingefroren. Wie das Leben und der Tod.

Die Welt der Gräber ist vielfältig. Überraschend, wie der Tod und die Endgültigkeit sich hier präsentieren.

Vielleicht kenne ich auch Menschen, die hier ihre letzte Ruhe gefunden haben. Ich denke kurz an sie und erinnere mich.

Nach einer Weile gehe ich zum Eingang des Friedhofs zurück, setze mich auf eine Bank oder gehe nach Hause und schreibe auf, was ich auf dem Friedhof gesehen habe. Was hat dieser Friedhofsgang bei mir ausgelöst?

Über den Friedhof

Übung 3

Ich suche eine Kirche auf, die mir gefällt. Hier fühle ich mich beheimatet oder mir gefällt der Raum, er lädt mich ein, zu mir und zu Gott zu kommen.

Ich setze mich in eine Bank, ähnlich wie ich es zuvor schon daheim und in anderen Räumen getan habe: gerade, in mir ruhend. Ich bereite mich, schaue auf meinen Atem und mache mir bewusst, dass ich in einer Kirche sitze, in einem Raum, in dem man den Tod feiert, ihn nicht ausklammert.

Deutlich wird das am Kreuz, dem Zeichen für Endgültigkeit schlechthin. Ans Kreuz geschlagen, gelitten und gestorben. Nach einem kurzen Leben hängt er dort am Kreuz, Jesus, der Sohn Gottes. Oder in der Kirche hängt ein Kreuz ohne Corpus, das dennoch den Tod in all seiner Endgültigkeit demonstriert, den Tod Jesu.

Ich schaue dieses Kreuz an. Auch wenn es für den Christen das Symbol der Auferstehung und damit der Überwindung des Kreuzes ist: Es symbolisiert den Bruch, den der Tod in unser Leben schlägt. Es ist zunächst aus und vorbei – und auch in den Kar- und Ostertagen gedenken die Christen zunächst des

Ans Kreuz geschlagen, gelitten und gestorben.
Nach einem kurzen Leben hängt er dort am
Kreuz, Jesus, der Sohn Gottes.

Todes, halten den Karsamstag mit der Grabesstille aus, bevor die Auferstehung gefeiert wird.

Ich schaue das Kreuz an, lasse mich von ihm anziehen, vom Blick des Gekreuzigten oder vom schlichten und leeren Kreuz des Auferstandenen.

Was bedeutet es mir? Ist es Symbol des Todes und gleichzeitig Symbol der Auferstehung? Oder nur eines von beiden? Ist es ein Symbol der Hoffnung und des Glaubens? Oder sagt es mir nichts?

Ich halte die Stille und das Kreuz aus – und schreibe anschließend auf, was das Kreuz für mich bedeutet.

Wie ich das Kreuz sehe

Übung 4

Ich suche mir einen Ort, an dem ich ungestört bin. Ich setze mich hin und mache in gewohnter Weise meine Einübung, um zu mir selbst zu kommen: das richtige Sitzen, das innere Entlanggehen meines Körpers, das Beobachten meines Atems.

Wenn ich mich bereitet habe, dann schließe ich meine Augen. Die Gedanken kommen und gehen. Ich beobachte sie und halte mich an keinem fest. Ich konzentriere mich auf die Dunkelheit, die durch das Schließen meiner Augen entstanden ist. Das Licht, das vorher noch zu sehen war, geht mir im Dunkeln nach, doch nach einer Zeit verschwinden die hellen Flecken. Es ist dunkel.

Meine Sinne sind ganz wach: das Gehör, auch der Geruchssinn. Ich versuche mich aber auf die Dunkelheit einzulassen und keinerlei andere Sinnesreize zuzulassen.

Ich stelle mir nun vor, dass es immer so sein wird – oder ganz anders. Aber das Leben, das ich kenne, das wird vorbei sein. Es ist dunkel und so ganz anders, so unvorstellbar anders.

Ich halte diese Gedanken, die Dunkelheit eine Weile aus. Kann ich mir vorstellen, dass ich mir nichts mehr vorstellen kann?

Das Licht, das vorher noch zu sehen war,
geht mir im Dunkeln nach, doch nach einer
Zeit verschwinden die hellen Flecken.
Es ist dunkel.

Ich schreibe auf, was diese Dunkelheit und diese Gedanken ausgelöst haben: Angst, Hoffnung, Glaube, Beklemmung? Oder sind mir Fragen in den Sinn gekommen?

Aus der Dunkelheit

Übung 5

Ich gehe noch einmal auf den Friedhof. Der Ort der Stille, der letzten Ruhe, der Ort der Trauer – oder auch der Ort der Freude, so wie die Mexikaner ihn an Allerheiligen sehen. Sie halten mit den Toten auf dem Friedhof Mahl und erinnern sich an all das Gute, das sie mit ihnen geteilt haben.

Ich laufe umher, genieße die Ruhe – und stelle mir vor, dass ewige Ruhe sich einstellt. Ich muss mich nicht mehr sorgen, ich muss nicht mehr gestalten, ich bin nicht mehr – und doch bin ich auf ganz andere Weise. Durch den Tod hindurch ins Leben, wie wir Christen glauben und hoffen und wissen. Glauben heißt nicht wissen. Und doch glaube ich zu wissen.

Ich schaue mir die Gräber an, die Kreuze, vor denen Menschen trauern und sich erinnern.

Dabei denke ich an meine geliebten Menschen, die gestorben sind. Vielleicht liegen sie hier auf diesem Friedhof. Ich danke Gott liebevoll für sie, auch wenn ich sie vermisse. Doch der Tod gehört zum Leben, das Abschiednehmen gehört zum Leben.

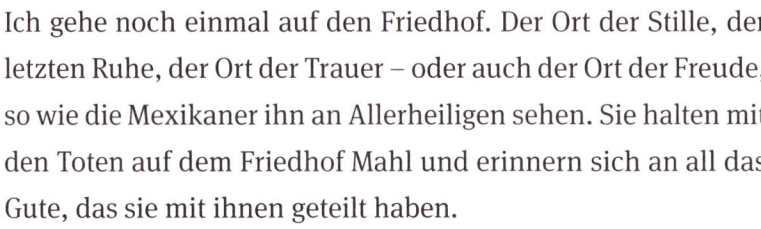

Durch den Tod hindurch ins Leben, wie
wir Christen glauben und hoffen und
wissen. Glauben heißt nicht wissen.
Und doch glaube ich zu wissen.

Ich denke an Abschied. Leben bedeutet immer abschiedlich leben. Kann ich das? Lädt dieser Friedhof mich dazu ein, an Abschied zu denken? An meinen Abschied vom Leben, meinen Abschied von so vielen Menschen?

Ich gehe über den Friedhof, als wäre es das letzte Mal.

Ich schreibe auf, was Abschiednehmen für mich bedeutet.

Zu guter Letzt

Übung 6

Noch einmal setze ich mich in den Raum zu Hause, der mir Heimat ist, wo ich mich wohl und geborgen fühle, wo ich sein darf, einfach nur sein. Ich mache es mir bequem – und denke an den Tod.

Ich stelle mir vor, dass der Tod vor meiner Tür steht. Heute, hier und jetzt! Er fordert mich auf, mit ihm zu gehen und all das, was hier in diesem Raum ist, zu verlassen. Ich kann nichts mitnehmen, ich kann mich nicht einmal richtig verabschieden, denn der Tod drängt: Komm!

Doch er lässt mir noch kurz Zeit, ein Resümee zu ziehen – das Resümee meines Lebens. Drei Fragen gehen mir durch den Kopf, drei Fragen, die mir am Ende noch bleiben. Danach gehe ich durch diese Tür dort in die Ungewissheit des Todes – doch in der Gewissheit des Glaubens, in Hoffnung, Zuversicht und mit Mut. Ich bin unerschrocken, denn ich weiß, dass jemand meinen Tod in seinen Händen hält: Gott.

Ich denke an die lieben Menschen in meinem Leben: Was möchte ich ihnen zum Schluss sagen?

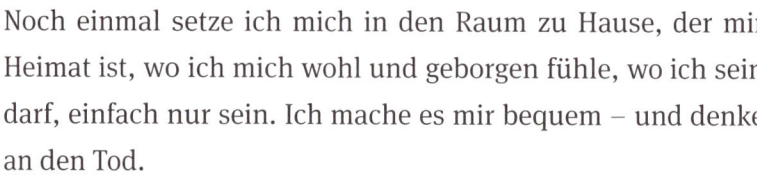

Heute, hier und jetzt! Er fordert mich auf, mit ihm zu gehen und all das, was hier in diesem Raum ist, zu verlassen.

Ich denke an die verschiedenen Etappen meines Lebens mit dem Schönen und Belastenden, mit dem Auf und dem Ab: Wofür möchte ich noch einmal ganz ausdrücklich danken?

Ich blicke auf mein Leben zurück: Mit welchen drei Wörtern beschreibe ich es?

Ich ziehe Bilanz

Übung 7

Der Tod ist mein Freund. Oder ist er nicht viel eher mein Feind, da er mein Leben für immer und ewig beenden will? Das Leben wahrnehmen, wie es ist – das bedeutet, auch den Tod zu betrachten. Es zumindest zu versuchen, ihn nicht zu verdrängen, sondern zu begrüßen. Ändern kann ich ohnehin nichts. Auflehnung hilft nicht. Der heilige Franz von Assisi begrüßte den Tod am Ende seines Lebens sogar als Bruder: Bruder Tod.

Kann ich das? Vielleicht bin ich noch längst nicht so weit, aber ich kann es ja mal versuchen. Bruder Tod – ich begrüße ihn in Gedanken einmal so.

Und?

Ich nehme mir noch einmal in aller Stille Zeit, die verschiedenen Übungen durchzugehen, die mir den Tod vertraut machen wollen.

Bin ich ihm nähergekommen? Ist er mir nähergekommen? Die Übung, die mir am besten geholfen hat, wiederhole ich.

Und ich schreibe zum Schluss noch einmal auf, was mir der Tod nun bedeutet – wie ich zu ihm stehe.

Es zumindest zu versuchen, ihn nicht zu verdrängen, sondern zu begrüßen. Ändern kann ich ohnehin nichts. Auflehnung hilft nicht.

Lieber Bruder Tod!

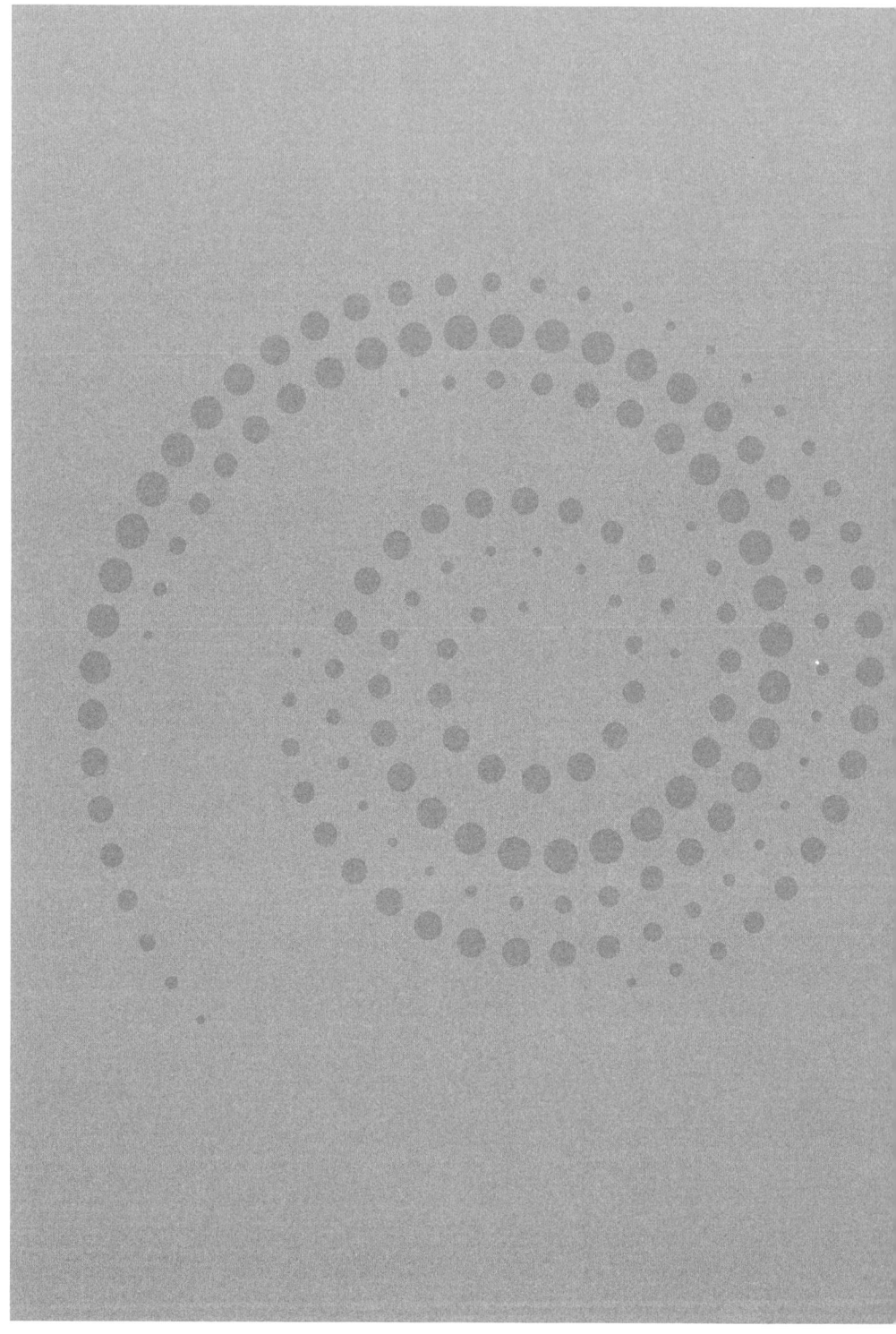

Gottes Spuren wahrnehmen

Kontemplation
Schweigen und Stille
Die Stimme wahrnehmen
In mir
Im anderen
In der Schöpfung
Die Stimme in und hinter allem
Die Stimme, die liebende, fragende,
fordernde
Zärtlich aufdringlich
Gottes laut-leise Stimme
Wahrnehmen
In Kontemplation

Gottes Spuren wahrnehmen

Das Ziel jeder christlichen Kontemplation ist die Begegnung mit Gott. Viele Mystiker und Mystikerinnen sprechen über diese kontemplative Begegnung und versuchen, Worte für das zu finden, was sich eigentlich nicht in Worten ausdrücken lässt. Sie sind berührt worden von Gott, tief im Innersten, in ihrem Herzen angerührt. Und diese Berührung hat sie nicht mehr losgelassen. Von ihr müssen sie erzählen, sie wollen andere in dieses Geheimnis einführen. Doch wie? Vor allem sprechen sie in der Sprache der Liebe und der Liebenden: stammelnd, enthusiastisch, verschwiegen, zärtlich, verstummend, mit Wiederholungen und Paradoxien.

Sie machen eines deutlich: Diese Erfahrung lässt sich nicht automatisch herbeiführen, sie lässt sich nicht einfach machen. Vielmehr ist sie ein Geschenk, auf das ich hoffen darf. Wichtig dazu ist die Bereitung meiner selbst, die Wachheit und das Leben mit und in allen Sinnen, die Wahrnehmung dessen, was ist und wie es ist.

Kontemplation ereignet sich für mich nicht nur in der Kirche, an dem stillen Ort, in der Kapelle oder im Meditationsraum. Wenn ich an Gott glaube, für den alles möglich ist, dann ist der Ort der Kontemplation eben auch vielfältig. Die Berührung Gottes kann mich im Alltag treffen, in der Natur, in der Kirche, wenn ich anderen begegne. Oder dort, wo es der Trappistenmönch Thomas Merton erlebt hat: im Supermarkt. Für Gott ist nichts unmöglich – und die Welt ist voll von Gott und seinen Spuren. Diese zu entdecken und wahrzunehmen, mich von ihnen berühren zu lassen, darauf kommt es an. Das ist ein Gottesgeschenk, das mich in die Kontemplation – das heißt: in die verändernde Begegnung mit ihm – führen kann.

Dieses letzte Kapitel unseres Übungswegs der Wahrnehmung will mich noch einmal auf diese Spuren Gottes aufmerksam machen. Der heilige Franziskus spricht immer vom Leben, das man verkosten müsse. Nehme ich die Spuren Gottes wahr, versuche ich sie zu ertasten, zu erfühlen, zu schmecken und zu riechen, zu sehen und zu hören – dann nimmt mein Alltag mit einem Mal andere Formen an. Er wird kostbarer, er wird heiliger. Entdecke ich diese Spuren in mir und im anderen, dann wird Begegnung auf einmal anders, tiefer und berührender.

All das führt auch dazu, dass ich weniger Stress verspüre. Er ist da, ich kann ihm nicht entfliehen, er wird dadurch nicht aufgehoben. Aber ich kann anders mit Stress umgehen, kann ihn nehmen, wie er ist, denn ich weiß: In meinem Leben gibt es etwas, das noch viel wichtiger ist!

Dabei wollen die folgenden und abschließenden Übungen helfen. Sie führen schrittweise zum wertvollen Schatz des Herzensgebets.

Übung 1

Ich wähle mir ganz bewusst eine Kirche in der Nähe aus und setze mich in eine Bank. Dort wähle ich eine Sitzposition, die bequem ist und mich ruhen lässt.

Ich schaue mich um, nehme den Raum wahr, der mir vielleicht ganz neu ist – oder ich war schon oft hier, kenne mich aus und begrüße das Bekannte und Vertraute. Ich nehme den Raum in seiner Struktur wahr, den Altarraum mit dem Ambo, die verschiedenen Statuen und Bilder.

Ich schaue das Kreuz an. Vielleicht ist es das Kreuz, das ich schon einmal in einer früheren Übung betrachtet habe: das Symbol des Todes und der Auferstehung.

Ich schließe meine Augen, fühle und höre die Stille, die mich einlädt, in mir selbst zu verweilen – und in Gott, dem ich nicht nur hier in der Kirche begegnen kann. Aber vielleicht ist es hier ein bisschen leichter. Gott ist der Grund des Lebens, der Grund der Welt und mein Grund. Ich lasse mich in ihn fallen, hier in der Kirche. Er lädt mich ein, in ihm zu verweilen.

Ich schließe meine Augen, fühle und
höre die Stille, die mich einlädt, in mir
selbst zu verweilen – und in Gott,
dem ich nicht nur hier in der Kirche
begegnen kann.

Ich spüre dem eine Weile nach, öffne dann die Augen langsam und schaue noch einmal auf das Kreuz. Ich lasse es auf mich wirken, verabschiede mich und gehe.

Im Anschluss schreibe ich auf, was ich in der Kirche gespürt habe, in wenigen Sätzen.

Du Grund meines Lebens!

Übung 2

Ich gehe in dieselbe Kirche wie gestern und wähle eine gute Sitzposition, wie ich sie schon früher eingeübt habe: die Beine in einem 90-Grad-Winkel, die Hände auf den Oberschenkeln liegend, der Oberkörper ist gerade und der Kopf ruht auf ihm. Die Schultern sind nicht hochgezogen, sondern ruhen in meiner ganz normalen Haltung. Ich sitze und fühle mich behaglich in meinem Körper.

Ich beobachte kurz meine Gedanken, wie sie kommen und gehen. Welche Gedanken es sind, ist nicht von Interesse. Mein Atem kommt und geht. Er belebt mich, verlässt mich und pumpt Luft in meine Lungen. Ich beobachte ihn kurz und versuche, mich wieder rhythmisch auf ihn einzulassen: ein und aus, ein und aus – in einem guten und ruhigen, fließenden Rhythmus. Eine Zeit lang übe ich es ein.

Und dann formt sich im Inneren ein Wort, nur ein Wort, das ich mit dem Einatmen und dem Ausatmen denke: „Gott"!

Ich atme ein: „Gott" und ich atme aus: „Gott". Immer wieder Gott und Gott und Gott.

Wenn es passt oder sich gut anfühlt, dann bleibe ich dabei: „Gott"! Vielleicht bildet sich noch ein anderes Wort dazu. Das

Und dann formt sich im Inneren ein Wort,
nur ein Wort, das ich mit dem Einatmen
und dem Ausatmen denke: „Gott"!

ist dann auch gut so. Ich atme ein und aus und denke „Gott"
oder ein ganz anderes Wort.

Das übe ich zehn Minuten ein.

Langsam lasse ich los, kein Wort mehr, nur noch der Atem,
eine kleine Weile. Dann öffne ich langsam die Augen oder löse
meinen Blick vom Punkt auf dem Boden vor mir. Ich nehme
den Raum wahr, mich selbst, sitzend in der Bank. Ich lasse alles nachklingen.

Ich lasse mir Zeit, genau nachzuspüren, bevor ich Antwor-
ten suche: Wie hat es sich angefühlt, mit jedem Atemzug an
Gott zu denken? Welches Wort hat sich mir noch aufgedrängt?

Zehn Minuten mit Gott

Übung 3

Ich nehme mir diesmal länger Zeit: 20 Minuten.

Erneut gehe in die Kirche von gestern und wähle die gleiche und bewährte Sitzposition. Ich sitze und fühle mich wohl in meinem Körper. Ich gehe ihn in Gedanken ab, nehme ihn wahr. Ich bin einfach da, so wie ich bin.

Wieder beobachte ich meine Gedanken, wie sie kommen und gehen. Mein Atem kommt und geht: ein und aus, ein und aus. Ich finde meinen Rhythmus.

Dann bereite ich mich darauf vor, dass sich drei Worte in mir bilden und sich in mein Ein- und Ausatmen mischen: Ein: „Herr Jesus Christus", aus: „Herr Jesus Christus". Ich atme ein: „Herr Jesus Christus". Ich atme aus: „Herr Jesus Christus".

Ich übe das über eine geraume Zeit ein.

Wenn es so weit ist, richte ich mich darauf ein, langsam die Augen zu öffnen. Das Licht und den Raum wahrzunehmen. Ich schaue mich um, schaue kurz auf das Kreuz, verabschiede mich von ihm, strecke und dehne mich, stehe auf und gehe.

Wieder beobachte ich meine Gedanken, wie sie kommen und gehen. Mein Atem kommt und geht: ein und aus, ein und aus. Ich finde meinen Rhythmus.

Ich suche mir einen anderen Platz in der Kirche und schreibe auf, was die drei Wörter „Herr Jesus Christus" für mich bedeuten – und welche Erfahrungen ich dabei gemacht habe, sie ein- und auszuatmen.

Zwanzig Minuten mit Jesus

Übung 4

Auch für diese Übung nehme ich mir 20 Minuten.

Ich gehe in den inzwischen gewohnten Kirchenraum und wähle die Sitzposition, die ich schon früher eingeübt habe. Ich fühle meinem Körper nach, lasse meine Gedanken kommen und gehen und finde den richtigen Atemrhythmus.

Eine Zeit lang vergeht: ein und aus, ein und aus.

Schließlich bereite ich mich erneut darauf vor, dass sich die Wörter „Herr Jesus Christus" in mir bilden und sich in mein Ein- und Ausatmen mischen: Ein: „Herr Jesus Christus", aus: „Herr Jesus Christus", ein: „Herr Jesus Christus", aus: „Herr Jesus Christus". Ich füge drei weitere Wörter hinzu: „Erbarme dich meiner". Ich atme ein: „Herr Jesus Christus". Ich atme aus: „Erbarme dich meiner".

Ich übe das über eine geraume Zeit ein.

Ich spüre, wenn es genug ist, und öffne langsam die Augen. Das Licht und den Raum nehme ich wahr. Mein Blick sucht das Kreuz, ich verabschiede mich von ihm. Strecke und dehne mich und verlasse die Kirche.

Schließlich bereite ich mich erneut
darauf vor, dass sich die Wörter
„Herr Jesus Christus" in mir bilden
und sich in mein Ein- und Ausatmen
mischen.

Ich schreibe auf, wie es mir gelungen ist, diese Wörter ein- und auszuatmen. In einem zweiten Schritt gebe ich Antwort: Was hat der Zusatz „Erbarme dich meiner" in mir ausgelöst?

Erbarme dich meiner!

Übung 5

Ich nehme mir wieder einige Zeit, gehe in einen Raum, der es mir ermöglicht, zur Ruhe, zu Gott und zu mir zu kommen. Ich nehme meine Sitzposition ein und suche meinen Atemrhythmus. Ein und aus, ein und aus.

Jetzt lasse ich die Wörter kommen, die sich in mir bilden, um sich mit meinem Atem zu verbinden. Es kann das Wort „Gott" sein, die Wörter „Mein Gott", „Herr Jesus Christus" oder auch der Satz „Herr Jesus Christus, erbarme dich meiner". Oder es kommen ganz andere Wörter, andere Namen für Gott.

So wie es kommt und was da kommt, so ist es gut. Ein und aus, ein und aus – und ich atme mich in mich selbst und in Gott hinein.

Ich lasse mir Zeit – und wenn es dann Zeit ist, öffne ich wieder die Augen, nehme wahr, was um mich ist, dehne und strecke mich.

Und ich schreibe die Wörter auf, die sich in mir gebildet haben.

Es kann das Wort „Gott" sein,
die Wörter „Mein Gott",
„Herr Jesus Christus" oder
auch der Satz „Herr Jesus
Christus, erbarme dich
meiner".

Meine Namen für Gott

Übung 6

Die sehr alte Übung, den Atem mit Worten und den konkreten Worten „Herr Jesus Christus, erbarme dich meiner" zu verbinden, wird auch die Tradition des Herzensgebets oder das Jesusgebet genannt. Das Herzensgebet führt zu einer bestimmten Haltung: Die Übung führt mich in die kontinuierliche Gegenwart Gottes ein und macht sie mir bewusst. Alles, was ich tue und unterlasse, was ich rede und denke, es geschieht in der Gegenwart Gottes. Das atme ich ein und aus. So wird mein Leben zu einem unablässigen Gebet.

Das Herzensgebet sollte über einen längeren Zeitraum eingeübt werden.

Ich überlege mir, welches Wort, welche Wörter oder vielleicht auch welcher Satz für mich gut ist, um mich in die Gegenwart Gottes einzuatmen.

Ich übe das genauso ein, wie ich es in den Übungen zuvor getan habe – aber eben mit meinen Worten.

Nach der Übung schreibe ich mein Wort oder die Wörter auf. Nicht mehr!

Das Herzensgebet führt zu einer bestimmten Haltung: Die Übung führt mich in die kontinuierliche Gegenwart Gottes ein und macht sie mir bewusst.

Mein Herzensgebet

Übung 7

Es ist die letzte Übung, die vor mir liegt. Und ein Weg liegt hinter mir. Ein Übungsweg zurück zu mir und zurück in die Welt. Ich habe wahrgenommen, was in der Welt ist, was mir begegnet, wie die Welt ist – und was in mir ist und leben will. Ich habe meinen Sinnen nachgespürt, meinem Sitzen, meinem Gehen. Meine Gedanken, auch meine Schwächen, sind mir begegnet. Selbst der Tod hat nicht gefehlt. Geht er doch mit dem Leben Hand in Hand! Schließlich war da noch der Gedanke an Gott, die Wahrnehmung Gottes in mir. Eigentlich war er auf dem gesamten Übungsweg, in jeder einzelnen Übung, bereits präsent. Hat er doch alles, was mir begegnet ist, geschaffen und dabei gesagt: Es ist gut so.

Ich gehe noch einmal in die Stille. Bereite meine Sitzhaltung so, wie ich es oft auf diesem Übungsweg getan habe: die Beine im rechten Winkel, der Kopf und die Schultern gerade, die Hände auf den Oberschenkeln oder als Schale im Schoß. Ich gehe meinen Körper von der Sohle bis zum Scheitel innerlich entlang, richte meinen Blick auf einen Punkt vor mir oder schließe die Augen. Schließlich nehme ich meinen Atem wahr: ein und aus und komme in einen Rhythmus: ein und aus.

Nimm wahr, dass die Welt voller Spuren
Gottes ist, und diese Suche verändert dich!

Meinen Atem verbinde ich nach einer Zeit mit zwei Wörtern: „Gott" und „Danke". Ich atme ein: „Gott", atme aus: „Danke". Gott in mir, der Dank nach außen – Dank für den Weg, den ich gehen durfte, Dank für die Begegnung mit mir, der Welt und ihm selbst, Dank dafür, dass ich bin, wie ich bin, und die Welt ist, wie sie ist: gut.

Ich bleibe eine Zeit lang in dieser Übung. Ein: „Gott", aus: „Danke". Wenn ich sie beende, so tue ich es wie immer: Öffnen der Augen, kurzes Verweilen, Wahrnehmung des Raums, Strecken – und Gehen.

Gibt es noch etwas, das ich aufschreiben möchte?

Auf ein letztes Wort

Was uns Kontemplation lehrt

Was uns Kontemplation lehrt

Auf den Buchseiten, die jede Station des Übungswegs eröffnen, finden sich einige Verse. Es sind Gedanken, die mir im Nachsinnen über dieses Buch und über die Lebenswirklichkeit der Kontemplation gekommen sind.

Die Kontemplation hat mich gelehrt, alles zu schätzen, was in mir ist. Meine Verse versuchen, einen Schatz zu beschreiben, den ich kaum beschreiben kann. Vielleicht weil er sich weniger in den besonderen Momenten zeigt, in denen ich durch das Himmlische und auch durch Gott berührt werde. Kontemplation ist etwas Alltägliches: eine wahrnehmende Haltung, die sich durch den Alltag zieht. Ich nehme dabei wahr, was ist und wie es ist – und wie großartig doch Gottes Welt ist. Trotz allem und in allem. Diese Haltung hilft mir sehr, Stresssituationen zu bestehen und positiv zu nutzen. Natürlich in der gebotenen Gelassenheit und Ruhe.

Kontemplation lehrt den Respekt vor dem Leben, vor der Welt, der Schöpfung, vor jedem Menschen, vor dem Wort, dem lebendigen, dem gehörten, dem geschriebenen. Wahre Kontemplation zeigt sich überall dort, wo der Mensch, das Leben und die Welt ernst genommen werden. Als das, was sie sind. Nicht wertend, sondern als Geschenk.

Der Autor

Bruder Thomas Dienberg, geboren 1964, ist Priester und Kapuziner, Autor, Berater und Vielreisender. Er lebt in Münster und lehrt als Professor für Spiritualität an der ordenseigenen Hochschule. Dazu leitet er das Institut *IUNCTUS – Kompetenzzentrum für Christliche Spiritualität*. Neben den Themen der Askese und Mystik arbeitet er derzeit an der Frage, wie eine verantwortungsvolle Wirtschaft gestaltet werden kann.

THOMAS DIENBERG

Unerschrocken

Mit dem Glauben
durch angstvolle
Zeiten

camıno.

Unerschrocken
Mit dem Glauben
durch angstvolle Zeiten

ISBN 978-3-96157-003-4

Mit christlicher Spiritualität gegen die
Angst – Thomas Dienbergs beherztes
Plädoyer für die Frohe Botschaft!

Um des Menschen willen
Wirtschaften geht auch anders

ISBN 978-3-460-50038-9

Eine prägnante Analyse von Tradition
und Gegenwart: Spiritualität kann als
Bindeglied zwischen Wirtschaft und
Ethik wirken.

THOMAS DIENBERG

Um des
Menschen
willen
Wirtschaften
geht auch anders

camıno.